会计原来如此简单

KUAIJI YUANLAI RUCIJIANDAN

平准◎编著

中国纺织出版社有限公司

内 容 提 要

本书依据最新版《企业会计准则》及相关财税政策，结合企业财税实践编写，为初入职场会计人员学习会计专业知识与会计实操提供了权威讲解，是初入职场会计人员学习会计基础知识的工具书。全书分为会计实务、税务处理、财务软件三篇，共十章，内容包括基础会计工作涉及的几乎全部理论与实践，对会计建账、费用结算、收入与成本核算、往来款与投资核算、税费结算与清缴、财务对账、三大报表、财务软件等内容进行了深入浅出的讲解。全书体系由简入深，层层推进，形象生动地介绍了初级会计人员必须掌握的专业知识、会计制度与实操能力，同时，全书辅以大量案例，对复杂晦涩的专业术语进行了具象化讲解，能有效帮助初级会计从业者、财会专业学生准确掌握会计知识，切实提高会计专业素质，轻松胜任会计工作。

图书在版编目（CIP）数据

会计原来如此简单 / 平准编著. -- 北京：中国纺织出版社有限公司，2021. 1
ISBN 978-7-5180-8136-3

Ⅰ. ①会… Ⅱ. ①平… Ⅲ. ①会计实务 Ⅳ. ①F233

中国版本图书馆 CIP 数据核字（2020）第 211430 号

策划编辑：史　岩　　　责任编辑：段子君
责任校对：高　涵　　　责任印制：储志伟

中国纺织出版社有限公司出版发行
地址：北京市朝阳区百子湾东里A407号楼　邮政编码：100124
销售电话：010—67004422　传真：010—87155801
http://www.c-textilep.com
中国纺织出版社天猫旗舰店
官方微博 http://weibo.com/2119887771
三河市宏盛印务有限公司印刷　各地新华书店经销
2021 年 1 月第 1 版第 1 次印刷
开本：710×1000　1/16　印张：16
字数：212千字　定价：48.00元

目 录
Contents

第2篇　税务处理篇

第3篇　财务软件篇

第1篇

会计实务篇

第1章 会计世界里的四梁八柱

听人说会计这行越做越吃香，尤其适合女孩子。

“做个小会计，工作稳定，这种细心认真的活就是适合你”，上大学选专业的时候父母是不是这么劝你的？

但是，经过几年的学习，资产、负债各种概念塞了一脑袋，可是连公司的账簿都不知道长什么样子，有没有？借贷分录做得很好，却不知道为什么这么做，有没有？原始凭证、记账凭证，各种凭证的区别都搞不懂，有没有？

如果你有这种感觉，“不必烦恼，这个问题想跑也跑不了，不必烦恼，你想逃避也逃避不了，会计的世界说大就大，说小就小，就算你有几年的理论学习，也还要用心去实践”，伴随着嘹亮的歌声，我们一起走进会计实践，演绎一首新的我与会计的《不见不散》吧。

1.1 会计是做什么的

1.1.1 名不正则言不顺，我为会计正名

在我们的第一堂课上，老师肯定给我们讲过什么叫会计：会计是一个商业信息提供系统，把企业有用的各种经济业务，统一成以货币为计量单位，通过记账、算账、报账的程序来提供反映企业财务状况和经营成果的经济信息。

其实简单来说就是把企业杂乱无章的会计数据归纳整理，加工编制成有用的财务信息系统。会计是一个特殊的翻译过程，所以会计人员的工作就是翻译，公司日常会发生很多业务，有收款，有付款，那老板怎么知道自己是赚了还是赔了，自己仓库里到底有什么东西，还背着多少负债，等等，这时就需要会计人员来核算之后告诉他，所以可以说会计就是老板的财务翻译。

当然，高级翻译就不仅要做到传递消息了，他们会对财务语言进行分析，公司为什么亏损，公司盈利了却为什么没有现金，如何改善公司以后的经营，等等，这就需要会计人员具备较强的信息分析能力。所以我们首先要学会翻译，然后再努力做到高级翻译。

当然一个合格的翻译者必须提前了解翻译对象的背景资料，要想做好财务翻译，对会计的基本了解还是必须的，现在我们就去了解一下我们的翻译对象吧。

1.1.2　有些事，必须先有人设——基本假设

会计的基本假设即核算的基本前提，是对会计核算所处的时间、空间环境所作的合理设定。会计核算对象的确定、会计方法的选择、会计数据的搜集等，都要以此为依据。会计核算的基本前提包括会计主体、持续经营、会计分期和货币计量。

1. 会计主体

会计主体，是指会计工作为之服务的单位或组织，即会计给谁算账、会计服务的范围是什么。

会计主体的作用在于界定不同会计主体进行会计核算的范围。对企业而言，它要求会计核算区分自身经济活动与其他企业单位的经济活动，区分企业的经济活动与企业投资者的经济活动。

一般来说，某个组织是否为会计主体应从以下几个方面加以辨别：是否拥有独立资金；是否进行独立的经营活动；是否编制独立的会计报告。符合这三条的企业，即为一个独立的会计主体。

2. 持续经营

持续经营，又叫继续营业。它是会计核算前提中一个极为重要的内容。一是指会计主体的经营活动，假设要继续经营下去，而不存在破产清算的情况；二是财务会计某些原则和会计程序得以顺利建立的前提条件，如企业的财产分类、计价、费用分配和收益确定等，均是以假设持续经营为基础的。因为一个企业是继续经营，还是停止营业、破产清算，在会计核算方法上有着很大的区别。

3. 会计分期

会计分期，是指为了定期反映企业的经营管理活动情况及其结果，需要将一个企业的持续经营活动划分为若干个均等的期间。

从企业生产经营活动来考察，从材料采购到生产投入，再到产品销售，是一个连续不断的、循环的过程。为及时反映企业的资产和负债的变动情况，要求提供的会计信息必须是及时的、定期的。所以，需要对持续不断的经营活动进行定期的会计反映、分析和监督，这就要求对经营活动期间按会计计量、报告的原则划分会计期间。

我国企业的会计期间按年度划分，以日历年度为一个会计年度，即从每年 1 月 1 日至 12 月 31 日为一个会计年度。每一会计年度还具体划分为季度、月份。会计期间对会计核算的意义在于：由于有了会计期间，才产生了本期与非本期的区别；由于有了本期与非本期的区别，才产生了权责发生制，才使会计主体有了记账基准。

4. 货币计量

货币计量，是指会计主体在会计核算过程中采用货币作为统一计量单位来记账、算账、报账。各种物品如计算机、传真机等，都有它们自己的计量单位，如果按照原状记录在账簿里，企业的财务状况就会变得杂乱无章。但是，各种物品都具有价值，一旦以货币作为统一计量单位，就可以把这些物资的价值放在一起相加减，从而计算出经营成果。这样一来，企业管理者仅需了解或记住一些数字，便可以掌握企业的财务状况和经营成果。

在我国，要求采用人民币作为记账本位币，是对货币计量这一会计前提的具体化。考虑到一些企业的经营活动更多地涉及外币，同时也规定，业务收支以人民币以外的货币为主的单位，可以选定其中一种货币作为记账本位币。当然，提供给境内的财务会计报告使用者时，还是应当折算为人民币。

1.1.3　会计活动有什么用——职能

会计具有反映经济活动、控制经济活动、评价经营业绩、参与经济决策、预测经济前景五项职能。其中，反映和控制是最基本的两项职能。

1. 反映经济活动

会计信息系统所提供的信息具有连续、系统、全面、综合的特点，不仅能反映出一个会计主体的财务状况、财务状况的变化及其经营成果，而且能够以货币形式再现企业的生产经营活动，为经济管理提供了很大的方便。

2. 控制经济活动

具体表现在以下三个方面：

（1）财务会计的专门方法包括填制凭证、设置账户、复式记账、登记账簿、成本计算、财产清查和编制报表等，这使得会计成为严密的信息系统，具有保护性的控制作用（保证会计信息的正确性与真实性）。当然，会计还具有保护资产安全、明确产权的作用。

（2）会计确认运用一定标准，明确哪些数据可以并在什么时候进入该系统，以及如何进行报告。会计提供这种“过滤”的作用，可以控制经济活动的合法性与合理性。

（3）会计信息能够揭示实际与计划或预算的偏差，便于修订计划或预算。

3. 评价企业经营业绩

具体说来，财务会计可以通过定期编制财务报表，揭示一个企业的财务及其变动情况和最终经营业绩；可以通过对财务报告的分析，肯定成绩，找出差距，提出改进措施。

4. 参与经济决策

会计提供收集数据、提供信息，预测建立目标并讨论各种方案，能够选择最优方案。

据估计，企业在经营管理中所需要的信息 70% 以上来自会计信息系统。当然，在整个决策过程中，会计只能支持决策而无法代替决策，会计所起的是“参谋”作用，即“参与”的意思。

5. 预测经济前景

企业为了确定恰当的经营管理目标，必须收集大量历史的和当前的信息。通过会计财务报告中具有预测价值的历史信息，能够预测企业的经营前景。特别应提到的是，在西方国家，还明确规定在财务报表以外的其他财务报告中应披露预测信息，在我国也进行了相应的规定。

1.1.4 一步一个脚印——会计核算流程

一个新公司开业，先要建新账，然后会计通常以一个自然月为一个周期处理公司的业务，每个月都要首先整理当月发生业务的原始凭证，根据原始凭证编制记账凭证，再根据记账凭证登记账簿，最后编制会计报表并向税务部门报税。

简单总结一下，基本的会计核算流程：

期初建账→收集原始凭证→制作记账凭证→记账→对账结账→出报表→报税

1.2 从手工账到电子账——手工账和电子账简介

会计专业中有一门课程叫作《会计电算化》，常用的专业会计软件有用友、金蝶等，但是，不是所有的企业都实现了电子记账，所以当你进入公司后，可能会听到带你的师傅这样对你说，“虽然电脑工作起来很简单，但是手工记账是基础，如果不会手工记账，电子账也就记不了，所以必须先学会记手工账”。

那手工账和电子账到底是什么关系呢，它们之间就一定存在这种先手工后电子的顺序吗？

1.2.1 劳神费力——手工账

手工账就是会计核算的过程全部由人用手核算、用手记录而成的，建账、编制和审核凭证、记账、对账和结账，甚至编会计报表，都要由会计人员用计算器计算出数据，再一笔一笔地记到账上。这个过程很复杂，容易出错，特别需要认真仔细。如果其中一个数记错了，就会导致账表不平衡，查错的时间可能比做账的时间还要长。可见，手工记账的过程是最锻炼也最体现一名会计功力的。

1.2.2 引入高科技——电子账

电子账，就是通过财务软件进行财务处理的过程，也就是我们之前所说的“会计电算化”。这个过程省去了许多手写和计算的麻烦，比如建账时只需从给定的会计科目中选择需要的即可，而不用自己往账本上抄。记账、对账和结账以及出报表的过程，都由电脑程序自动生成，出错的概率几乎为零。但是，整理原始凭证、制作记账凭证仍需要由会计自己完成。记账凭证虽然不需要用笔写在纸上，但需要录入电脑，这个过程中使用什么会计科目，金额是多少，仍需要会计自己判断。如果这里出错，那么后面的流程也将发生错误，因为机器是死的，不会自行发现人为失误。

所以手工账和电子账是相辅相成的，只有有了精湛的手工记账能力，应用会计电算化才会得心应手。

1.2.3　理论知识链接

1. 会计核算基本流程

会计核算基本流程就是会计人员在会计期间内，按照国家规定的会计制度，运用一定的会计方法，遵循一定的会计步骤对经济数据进行记录、计算、汇报、报告，从编制会计凭证、登记会计账簿到形成会计报表的过程。通常，将这种依次发生、周而复始的以记录为主的会计处理过程称为会计循环。具体可以分解为以下几个步骤循环进行。

（1）建账。

根据企业具体行业要求和将来可能发生的会计业务情况，购置所需要的账簿，选择合适的会计制度，确定要使用的会计科目。建账是新企业会计必做的工作。

（2）手机原始凭证。

收集、制作、整理并审核那些能够证明经济业务实际发生及金额多少的原始凭证，这是会计工作最基础、也是最重要的一环。

（3）编制记账凭证。

根据整理好的原始凭证，运用会计语言编制会计分录，填写记账凭证。这就是“翻译”的过程。

（4）登记有关账簿。

登记有关账簿简称记账，是根据记账凭证分别登记有关的日记账、总分类账和明细分类账的过程。

（5）对账和结账。

为确保账簿记录的正确、真实、完整，在有关经济业务入账以后，需要进行各项对账工作，主要包括账账相对、账证相对和账实相对。结账即结清账目，在把一定时期所发生的经济业务全部登记入账后，将各种账簿记录的经济业务结算清楚，结出本期发生额合计和期末余额，或将余额结转下期，以便编制会计报表。一般情况下，每月月末都需要进行结账工作。

（6）编制会计报表。

根据账簿记录编制资产负债表、利润表、现金流量表等会计报表，这是会计最终的工作成果。

（7）报送会计报表。

每月的财务记录结果对内应该报送给老板审阅，对外还要报送国税、地税等税务部门，并按时完成各项税金的计缴工作。

2. 手工记账与会计电算化的区别和联系

以前财务人员都是手工记账，现在随着计算机走进千家万户，会计电算化开始普及，逐渐代替手工记账。但是，手工记账仍然是会计电算化的基础，它们之间有千丝万缕的联系，也存在明显的差别。

（1）相同点。

①目标相同：都是为了提供会计信息，核算企业效益。

②依据相同：进行核算的依据都是国家统一的会计制度和法律法规。

③结果相同：最终都是为记录经济业务，出具会计报表服务。对同一套账最终处理结果完全相同。

④流程相同：业务核算的流程基本相同，从建账开始，一直到出具报表。

⑤档案保管方式相同：无论是手工记账产生的凭证和账簿，还是电算化软件产生的数据，均需要按规定进行保管。

（2）尽管两者之间存在这么多相同点，区别还是很明显的。表 1-1 所示为二者的区别。

表1-1　手工记账和会计电算化的区别

项目	手工记账	会计电算化
使用工具不同	算盘、计算器、笔	计算机、财务软件
信息格式及载体不同	固定格式的账簿	打印并自行装订的账簿、存放在软盘或硬盘的电子文件
记账规则不同	使用固定格式的账簿记账，更正错误有划线更正、红字冲销、蓝字补记法，空白账页需要划销	打印出的账页需自行装订，不能划线更正，已记账的凭证数据不能更改，只可红字冲销或蓝字补记
数据处理过程不同	根据凭证记账后，需要人工进行账证、账账、账表核对等各项对账、结账工作	录入凭证后，由程序进行各种勾稽关系的核对，自动对账、结账出报表
组织体制、人员分工不同	明细账、日记账、总账由不同岗位人员按照不同的科目，分别在不同的账册上加以记录，专人负责制作报表	人员分工发生变化，只需要设置凭证录入、审核、数据维护等岗位，后续工作全部自动化，无须专人负责。增加了计算机软件维护人员
效率不同	工作周期长、速度慢、效率低	速度快、质量高、便于查阅信息

第2章 会计从建账开始

2.1 记录会计资料的载体——会计账簿

李小丫是一名大二的学生，她利用暑假时间在学校附近的一家会计师事务所找了一份实习工作。做了几天“复印小公主”“扫描小美女”之后，部门的刘姐叫住了她，“小丫，走，陪我去个超市！”“好的！不过刘姐，是有什么集体活动要买吃的、喝的吗？”“想的美啊你，是咱们所接了一个兼职会计的工作，需要代理记账，首先要买会计账本和凭证把账建起来。咱单位附近的超市里就有卖的，也不用大老远跑去工商局买，带你熟悉一下会计都需要什么账本。”

2.1.1 三分天下——会计账簿的种类

在去超市的路上，刘姐给小丫介绍了一些会计账簿的基础知识：“我们每天发生的每一项经济活动都有对应的会计凭证，这样就导致存在数量巨大的会计凭证，而且它们很分散，所以就要根据会计凭证归类整理来填列相应的会计账簿，才能系统全面地反映所发生的经济业务。”

到了超市的办公用品区之后，小丫看到了各式各样的账册。“这些都是什么账簿啊，刘姐？我们今天要买哪些呢？”刘姐耐心地给小丫讲解了一下：“可以按照不同的标准将这些账簿进行分类。比如按照用途可以分为序时账簿、分类账簿和备查账簿。序时账簿根据字面意思来解释就是根据经济活动发生的时间先后顺序来逐笔登记的账簿，一般的单位都针对货币资金设立现金日记账和银行存款日记账两种，通常来说，这两种账簿应该单独记录，一年一换，如果业务比较多一本不够用，还需要对账簿进行编号。我们今天一样买一本就行，来，你拿好。”刘姐递给小丫两个硬壳本，“分类账簿是指对各项经济业务按照总分类账户和明细分类账户进行分类登记的账簿，相应地就有总分类账和明细分类账，总分类账就是我们平时说的总账，必须是单独的一本，用来登记全部的经济业务，但是只记录一级科目，一般按月汇总，这个我们也买一本。它和前面两种日记账都必须使用订本式账簿，只由一人登记，不能抽换页。而明细分类账是按明细分类账户开设的账簿，用来分类登记某一类经济业务，它应使用账页未固定装订可随时取放的活页式账簿，并且应该随时编号以避免活页散失或被抽取。还有卡片类账簿，主要适用于财产物资的实物登记，如固定资产登记卡等。”

小丫翻了翻手中的几本明细分类账，发现里面都是一格一格的，但是又各有区别，于是她问刘姐：“刘姐，这几本明细账的不同点在哪里呢？它们分别是用来记录哪些会计科目的？”刘姐拿出一本账簿打开来给小丫看，说：“你看这种账页中包括借方、贷方、余额三栏的叫作三栏式账簿，它适用于那些只核算金额不需核算数量的科目，比如应收账款、应付账款，其实总账也可以称作三栏式账簿。”小丫看了一下，的确，总账也是借贷余形式的。刘姐又拿起另一本账簿，“这种就叫作数量金额式账簿，分别设有收入、发出、结存三栏，适用于既需要核算金额又需要核算数量的会计科目，比如原材料或者产成品等。而剩下的这三本都叫作多栏式账簿，具体来说，是借方多栏式明细账、贷方多栏式明细账和借方贷方多栏式明细账，借方适用于费用类明细账，贷方适用于收入类明细账，而借方贷方一般用于应交税金或本年利润这一类的科目。”“哦，原来是这样，感觉好复杂！”小丫感叹道，刘姐安慰她：“其实并不复杂，我说的这些是一般的经验之谈，具体还是要根据每个企业自己的实际情况来看。等之后你正式参加工作，每天做得多了，自然也就会了。”

2.1.2　各有各的用处——记账凭证的种类

拎着很厚一摞账簿，小丫和刘姐又来到了卖记账凭证的区域，刘姐告诉小丫：“记账凭证是指会计人员根据审核后的原始凭证编制用于记录发生的经济业务、确定会计分录、为填写账簿提供依据的一种会计凭证。”她拿出几本凭证指给小丫看，“有这种专用的记账凭证，分为收款凭证、付款凭证和转账凭证，也有这种通用会计凭证，使用统一的格式记录企业的各种经济业务。

像我们今天是为了代理记账来买凭证，这样的企业一般规模较小，经纪业务简单，为了简化工作流程我们可以买通用会计凭证，今天我们先买5本。”“好的，刘姐，还需要买其他东西吗？”“当然，还要买一些收据、签字笔之类的，最重要的是用来装订凭证的凭证封面、包角。我去挑，你拿着这些账簿和会计凭证在这里等我。”小丫答道：“好的，我还想起来我们走的时候可别忘了开发票啊。”“那是自然，发票就是我们的原始凭证，没有它我们就不能做账，也就不能报销啦！”

2.1.3　本节理论链接

在手工记账的环境下，建账是会计工作的开始，通常一个企业需要设置如下的账簿来核算经济业务：总账、明细分类账、日记账以及其他备查账簿。

1. 总账

总分类账是指按照总分类科目设置，简称总账。它是根据总分类科目开设账户，用来登记全部经济业务，进行总分类核算的分类账簿。总分类账所提供的核算资料，是编制会计报表的主要依据，任何单位都必须设置总分类账。总分类账一般采用订本式账簿，其账页格式，一般采用“借方”“贷方”“余额”三栏式（表 2-1）。

2. 明细分类账

明细分类账是指按照明细分类账户进行分类登记的账簿，是根据单位开展经济管理的需要，对经济业务的详细内容进行的核算，是对总分类账进行的补充反映。根据总分类账与其所属的明细分类账的平行登记规则记账之后，就可以按总分类账户本期发生额和余额与其所属的明细账的本期发生额之和及余额之和相互核对，以检查总分类账与其所属明细分类账记录的正确性。明细分类账的账页使用活页，可以分为三栏式账页（表 2-2）、数量金额式账页（表 2-3）和多栏式账页（表 2-4）。明细账并不要求一个账簿只能记录一个会计科目，而是视单位的业务量而定，可以为不同种类的科目单设一本明细账，也可以将所有明细账户记录在一本明细账中。比如，对于规模相对较大的公司可以设置固定资产明细卡片（表 2-5），而小规模公司只需使用普通的三栏式明细账即可。

表2-1　总分类账

编　号＿＿＿＿

科　目＿＿＿＿

总 分 类 账

会计		记账	

总　页＿＿＿＿

总　页＿＿＿＿

年		凭证字号	摘要	总页	借方										√	贷方										√	借或贷	余额										√
月	日				千	百	十	万	千	百	十	元	角	分		千	百	十	万	千	百	十	元	角	分			千	百	十	万	千	百	十	元	角	分	

表2-2　三栏式明细分类账

页　次＿＿＿＿　子目名称＿＿＿＿

科　目＿＿＿＿　细目名称＿＿＿＿

明 细 分 类 账

年		凭证字号	摘要	借方										√	贷方										√	借或贷	余额										√
月	日			千	百	十	万	千	百	十	元	角	分		千	百	十	万	千	百	十	元	角	分			千	百	十	万	千	百	十	元	角	分	

表2-3　数量金额式分类明细账

月	日	进价	调拨价	批发价	零售价

物质采购明细分类账

产地______　单位 千克 　规格______　品名 A

最高存量	
最低存量	

总第______页
分第______页
编号______页

2002年		凭证		摘要	借方											贷方											余额											√
					数量	单价	金额									数量	单价	金额									数量	单价	金额									
月	日	字	号				百	十	万	千	百	十	元	角	分			百	十	万	千	百	十	元	角	分			百	十	万	千	百	十	元	角	分	
6	2		1	购入	400	300		1	2	0	0	0	0	0	0												400	300		1	2	0	0	0	0	0	0	
	2		2	运杂费							5	0	0	0	0												400	300.25		1	2	0	5	0	0	0	0	
	4		3	验收入库												400	300.25		1	2	0	5	0	0	0	0											0	

表2-4　多栏式明细分类账

科目名称________　页次____　总页____

明 细 分 类 账

生产批号________________

生产车间________________

产品名称________________　数量________　产品规格________________

投产日期________　计划工时________

完工日期________　实际工时________

完成产量________

年		凭证号数	摘要	借方发生额	成本项目					
					直接材料	直接工资	制造费用			
月	日			千百十万千百十元角分	千百十万千百十元角分	千百十万千百十元角分	千百十万千百十元角分	千百十万千百十元角分	千百十万千百十元角分	千百十万千百十元角分

表2-5　固定资产明细卡片

卡片编号：					
资产类别：□房屋建筑　□专用设备　□办公设备　□IT 设备　□其他					
资产编号：					资产名称：
品牌型号：					生产厂商：
购入日期：					启用日期：
采购人员：					采购金额：
使用状态：					存放地点：
使用记录					（备注）
使用部	使用人	保管人	领用日	移交日	
备注：					

3. 日记账

日记账包括现金日记账和银行存款日记账。日记账一般应每天结出收付发生额和余额，在摘要栏注明“本日合计”，在日结数的上下各划一条红线。

现金日记账是用来反映每日库存现金的收入、支出及结余情况的日记账。它是由出纳人员根据审核后的现金收、付款凭证和从银行提现的银付凭证逐笔登记的。现金日记账也必须采用订本式账簿（表 2-6）。出纳人员在每日结束时，日记账一般应每天结出收付发生额和余额，在摘要栏注明“本日合计”，在日结数的上下各划一条红线，再盘点库存现金检查两者是否相符。

银行日记账是专门用来记录银行存款收支业务的日记账。银行存款日记账必须采用订本式账簿，其账页格式一般采用借贷余三栏式（表 2-7）。银行存款收入数额应根据有关的现金付款凭证登记。每日结束时，会计人员应计算当日的银行存款借方和贷方余额，以便检查监督各项收入和支出款项，也便于定期同银行送来的对账单核对。

表2–6　现金日记账

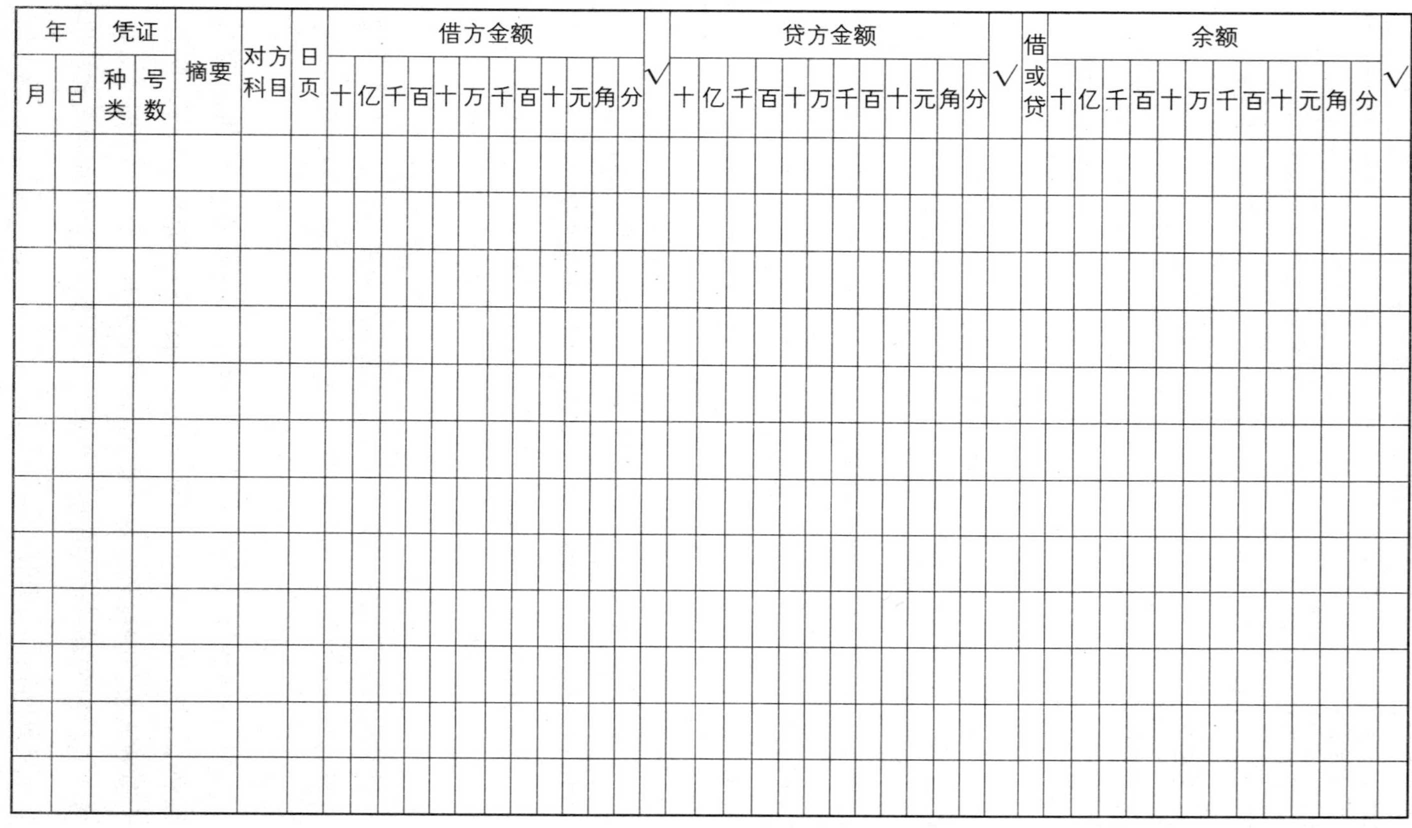

现 金 日 记 账

年		凭证		摘要	对方科目	日页	借方金额											√	贷方金额											√	借或贷	余额											√
月	日	种类	号数				十	亿	千	百	十	万	千	百	十	元	角	分		十	亿	千	百	十	万	千	百	十	元	角	分			十	亿	千	百	十	万	千	百	十	元	角	分	

表2-7 银行存款日记账

银 行 存 款 日 记 账

年		凭证		摘要	对方科目	日页	借方金额												√	贷方金额												√	借或贷	余额												√
月	日	种类	号数				十	亿	千	百	十	万	千	百	十	元	角	分		十	亿	千	百	十	万	千	百	十	元	角	分			十	亿	千	百	十	万	千	百	十	元	角	分	

2.2 记账也要抓重点——会计科目巧设置

2.2.1 我有专业名称——会计科目

回到事务所之后，刘姐看小丫暂时没有其他重要的事情，就把她叫到身边让她学习如何建账，顺便可以帮忙。刘姐告诉小丫首先应该设立的就是总账，它要包含所有的会计科目。小丫提问："您是指会计准则里所有的会计科目吗？""那怎么可能，企业会计准则中的科目涵盖了所有类型、所有行业的公司可能用到的科目，这次委托我们代理记账的就是一个小企业，并不需要那么多会计科目。"刘姐看小丫点了点头就继续说道，"提起会计科目，就不得不先说一下会计要素，企业的六大会计要素是资产、负债、所有者权益、收入、费用和利润，会计科目其实是为了满足会计确认、计量和报告的要求，对会计要素的具体内容进行分类得到的项目，它是会计核算的基础。"

"那会计科目也是相应地被分为六大类吗？"小丫问。"不是的，"刘姐回答道，"会计科目一共分为五大类，资产类、负债类、所有者权益类、成本类和损益类，其中损益类科目包括了收入和费用要素，利润要素被归入所有者权益类科目，而成本类科目用于核算产品生产成本、劳务成本等费用的具体内容。"

"会计科目就是用高度精练的语言来反映这个单位发生的经济活动，根据它们所提供信息的详细程度可以分为总分类科目和明细分类科目，总分类科目也叫一级科目，明细分类科目是对一级科目进一步分类的次级科目。""刘姐，听名字是不是总分类科目记录在总账上，明细分类科目记录在明细账上啊？"小丫插话进来，"一般情况下是的，你很聪明啊。总账上一般只列示一级科目，它们都是由会计准则规定的，有固定的名称，比如银行存款或者管理费用，每个科目都多留一点空白页，而且最好在最初登记时就按照报表的顺序来，这样方便我们最后出报表，因为我们记账的最终目的是在年末的时候出一套会计报表嘛。"

"那明细科目也都是规定好的吗？"小丫问道。"当然不是了，这就是我刚才说的要从单位实际发生的业务来考虑的情况，比如应收账款、应付账款这种往来科目要按照企业的债款人或者供应商名称设置二级科目，原材料根据材料的种类和规格设置，管理费用按照实际发生的费用类型设置，比如交通费，有需要的时候还可以设置更详细的三级科目。”刘姐回答道。

“那我最开始的时候怎么能知道这个企业会有哪些客户、供应商，发生哪些费用啊？”小丫问道。“损益类科目相对容易判断，因为水电费、办公用品费等是每个企业都会发生的，对于往来类科目，可以先大致设置一下，等实际业务发生时再补充就可以了。”刘姐回答道。“这样啊，”小丫点点头，又补充了一句，“那我现在只需要填写封面再逐渐设置内部账页是吗？”“是的，简单来说，建账要求你对账本有个整体的认识，你自己心里对企业的账务有个整体的认识，之后再根据具体情况和核算要求设置明细就可以了。”刘姐回答道。

下附表 2-8 所示为企业常用会计科目简表。其中，资本类、成本类和费用类科目增加计借方，减少计贷方，余额一般在借方；负债类、所有者权益类和收入类科目增加计贷方，减少计借方，余额一般在贷方。

表2-8　企业常用会计科目简表

会计科目名称	会计科目名称
（一）资产类	在建工程
库存现金	工程物资
银行存款	固定资产清理
应收账款	无形资产
预付账款	累计摊销
应收股利	长期持摊费用
应收利息	待处理财产损溢
其他应收款	（二）负债类
坏账准备	短期借款
材料采购	应付账款
在途物资	预收账款
原材料	应付职工薪酬
库存商品	应交税费
存货跌价准备	应付利息
持有至到期投资	应付股利
长期股权投资	其他应付款
长期应收款	长期借歉
固定资产	应付债券
累计折旧	长期应付款

续表

会计科目名称	会计科目名称
(三)所有者权益类 实收资本 资本公积 盈余公积 本年利润 利润分配 (四)成本类 生产成本 制造费用 劳务成本 (五)损益类 主营业务收入	其他业务收入 投资收益 营业外收入 主营业务成本 其他业务成本 营业税金及附加 销售费用 管理费用 财务费用 营业外支出 所得税费用

2.2.2 好的开始等于成功的一半——开始建账

刘姐问小丫："今天给你介绍了这么多关于会计账簿和科目的知识，现在如果让你自己负责这次业务的建账，你能完成吗？""哇，真的吗？谢谢刘姐，我愿意尝试，谢谢您给我这个机会，我一定认真努力完成这个任务！"小丫激动地回答。"哈哈，先别急，"刘姐乐了，"还有一些非常基础但又非常重要的工作没有教给你呢。建账的第一步，也就是在真正开始记账之前，我们还要做一些准备工作。你先打开我们刚才买的总分类账簿，扉页叫作账簿启用及交接表（表 2-9），它是为了保证会计账簿记录的合法性和资料的完整性，以及明确记账责任而设置的。在日记账和明细分类账的扉页里也有这张表（表 2-10），只不过叫法略有不同，填写方法都是大同小异的。现在你自己看看然后总结一下。"小丫翻了翻购买的几种账簿，发现了如下共有的重要项目。

（1）单位名称（或使用者名称），需填写单位全称并且和公章上的单位名称保证一致。

（2）印鉴，盖上本单位的公章。

（3）启用日期（会计年度），如果新成立的企业填写建账日期，连续存续的企业填写某年一月一日即可。

（4）账簿的起止页数，如启用的是订本式账簿，起止页数已经印好不需再填；启用活页式账簿，起止页数可等到装订成册时再填。

（5）经管人员，当记账人员或会计主管人员工作变动时，应办好账簿移交手续，并在启用表上明确记录交接日期及接办人、监交人的姓名，并加盖个人名章。

（6）贴花，根据我国印花税法的规定，除了实收资本和资本公积按金额的万分之五贴花之外，其余账簿均按件贴花 5 元，并且划双横线在上表示注销（图 2-1）。

表2-9　总分类账簿启用及交接表

<table>
<tr><td colspan="2">单位名称</td><td colspan="7">Infol 演示公司</td><td colspan="2">印签</td><td colspan="2">贴花</td></tr>
<tr><td colspan="2">账簿名称</td><td colspan="7">进账</td><td colspan="2" rowspan="4"></td><td colspan="2" rowspan="4"></td></tr>
<tr><td colspan="2">会计年度</td><td colspan="7">2008 年 度（ 自 公 元 2008 年 07 月 1 日 至 2008 年 8 月 31 日）</td></tr>
<tr><td colspan="2">装订册次</td><td colspan="7">第　　册（共　　册）</td></tr>
<tr><td colspan="2">账簿页数</td><td colspan="6">本账簿共计　　页（装订人：　　）</td><td></td></tr>
<tr><td rowspan="3">经营人</td><td colspan="2">负责人</td><td colspan="2">主办会计</td><td colspan="4">复核</td><td colspan="4">记账</td></tr>
<tr><td>姓名</td><td>盖章</td><td>姓名</td><td>盖章</td><td colspan="2">姓名</td><td colspan="2">盖章</td><td colspan="2">姓名</td><td colspan="2">盖章</td></tr>
<tr><td></td><td></td><td></td><td></td><td></td><td></td><td></td><td></td><td></td><td></td><td></td><td></td></tr>
<tr><td rowspan="5">接交记录</td><td colspan="4">经管人员</td><td colspan="4">接管</td><td colspan="4">交出</td></tr>
<tr><td colspan="2">职别</td><td colspan="2">姓名</td><td>年</td><td>月</td><td>日</td><td>盖章</td><td>年</td><td>月</td><td>日</td><td>盖章</td></tr>
<tr><td></td><td></td><td></td><td></td><td></td><td></td><td></td><td></td><td></td><td></td><td></td><td></td></tr>
<tr><td></td><td></td><td></td><td></td><td></td><td></td><td></td><td></td><td></td><td></td><td></td><td></td></tr>
<tr><td></td><td></td><td></td><td></td><td></td><td></td><td></td><td></td><td></td><td></td><td></td><td></td></tr>
<tr><td>备注</td><td colspan="12"></td></tr>
</table>

表2-10 现金日记账使用登记表

现金日记账使用登记表

启用日期	年 月 日			
截至日期	年 月 日			
		交接盖章	职责	姓名

现 金 日 记 账

年		凭证编号	摘要	对应科目	借方										√	贷方										√	借或贷	余额									
月	日				千	百	十	万	千	百	十	元	角	分		千	百	十	万	千	百	十	元	角	分			千	百	十	万	千	百	十	元	角	分

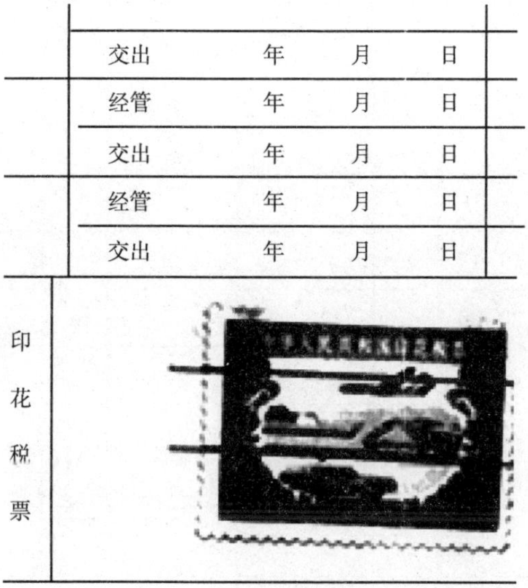

交出	年	月	日
经管	年	月	日
交出	年	月	日
经管	年	月	日
交出	年	月	日

印花税票

图2-1　账簿贴花

刘姐告诉小丫，以上几条都是一定要遵守的，还特别强调了贴印花税票的重要性，如果没能按规定完成，被税务查出来是要罚款的。“接下来看下一页叫作户目录（表 2-11），也叫科目索引，这是为了方便今后更快速地查阅总账设立的。总账的每一页上已经标有页码，根据页码为每个要使用的会计科目进行标注，每个科目使用的页数也是根据这个单位具体的业务量而定的，一般是一到两页就够了。像我们这次的客户是个小公司，可以每个科目只占用一页。”

表2-11　总分类账簿账户目录

顺序	账户名称	页码	顺序	账户名称	页码	顺序	账户名称	页码
1		1–1	6		6–6	11		11–11
2		2–2	7		7--7	12		12–12
3		3–3	8		8–8	13		13–13
4		4–4	9		9–9	14		14–14
5		5–5	10		10–10	15		15–15

续表

顺序	账户名称	页码	顺序	账户名称	页码	顺序	账户名称	页码
16		16–16						
17		17–17						
18		18–18						
19		19–19						
20		20–20						
21		21–21						
22		22–22						

“那刘姐，填好目录的页码之后是不是就要在后面对应的账页里建立具体的账户了啊？”小丫问道。“嗯，是的，这工作量可不小，不过这次我们是新企业建账，没有期初余额，如果是存续企业在年初新建账的话，还需要在第一行将上年的余额结转过来。”刘姐回答道。小丫按照刘姐的说明，先在第一页建立了现金科目，并且在左上角填写了年份。新企业建账（表 2–12），老企业结转上年余额账页（表 2–13）。

表2-12　新企业建账账页

编　号________　　　　**总 分 类 账**　　　　会计　　记账　　　　总　页________

科　目________　　　　　　　　　　　　　　　　　　　　　　　　　　分　页________

年		凭证字号	摘要	总页	借方									√	贷方									√	借或贷	余额									√
月	日				百	十	万	千	百	十	元	角	分		百	十	万	千	百	十	元	角	分			百	十	万	千	百	十	元	角	分	

表2-13　老企业新年度建账原材料账户账页

总分类账

科目：原材料　　　　日期：2007-03-01 ～ 2007-03-31

2007年		凭证字号	摘要	总页	借方										贷方										借或贷	余额										√
月	日				千	百	十	万	千	百	十	元	角	分	千	百	十	万	千	百	十	元	角	分		千	百	十	万	千	百	十	元	角	分	
			上期结转																						借				1	0	0	0	0	0	0	
3	16	记　0001	★仓库发出一批材料用于生产产品																8	5	0	0	0	0	借					1	5	0	0	0	0	
3	28	记　0002	★冲销记字0001号凭证：生产领料																8	5	0	0	0	0	借				1	0	0	0	0	0	0	
3	28	记　0003	★蓝字更正记0001号生产领用材料																8	5	0	0	0	0	借					1	5	0	0	0	0	
3	28	记　0004	★购入甲材料，款未付					8	0	0	0	0	0	0											借				8	1	5	0	0	0	0	
3	28	记　0005	★冲销记字0004号凭证多记的金额					7	2	0	0	0	0	0											借					9	5	0	0	0	0	
3			当前合计						8	0	0	0	0	0					8	5	0	0	0	0	借					9	5	0	0	0	0	
3			当前累计						8	0	0	0	0	0					8	5	0	0	0	0	借					9	5	0	0	0	0	

“好了，小丫，剩下的账户你就都按照我说的要求逐个建立吧。下面我再教你建明细账。其实两者是有共同之处的，只是总账按一级会计科目建立，每个一级科目占一个账页，而明细账是每一个一级科目下面的明细科目占一个账页。比如管理费用有很多明细，包括水电费、办公费，这些明细也要根据企业的核算来分别设置。我们会计人员进行账务处理的目的就是为会计信息使用者提供需要的数据，所以我们应该尽量设置得正确规范、方便快速。”刘姐道。

“嗯，刘姐，我知道了。我还有一个问题，明细账也要做账户目录吗？”小丫问。“当然不需要了，而且我们也没有办法做目录，因为明细分类账使用的是活页账簿，根本就没有页数，建账时只需要在每页的指定位置填写明细科目名称即可。同时，因为没有目录，为了查找方便，一般我们都在每一个账户的第一页贴口取纸（图 2-2），标出会计科目名称，每个账户错开粘贴，便于随时查到所需的账户。”刘姐道。

图2-2　活页明细账贴口取纸

听完刘姐的讲解，小丫独自建立了如下账簿：

（1）总账一本，内部设置了企业可能用到的所有会计科目（三栏式）。

（2）银行存款日记账一本，按照不同的银行账户设置明细科目，逐笔记录银行存的收入和支出，每日结余，月末和银行对账单核对（三栏式）。

（3）现金日记账一本，逐笔登记，每日结余盘点现金（三栏式）。

（4）明细账六本，包括销售明细账一本，按企业产品的种类设置明细科目核算收入、成本和利润等（借方贷方多栏式）；成本费用明细账一本，按成本费用的类别设置明细科目（借方多栏式）；往来明细账一本，按照企业的客户和供应商等分别设置明细科目（三栏式）；应交税费明细账，按照企业需要缴纳的税费设置明细科目（借方贷方多栏式）；进销存明细账一本，按照存货种类设置（数量金额式）；其他明细账一本，记录上述账簿未能包含的其他科目（三栏式）。

2.2.3 理论知识链接

1. 建账流程

填写启用表→制作账户目录（适用于总账）→逐页填写科目名称→结转期初余额（适用于老企业）→贴花

2. 会计科目设置

总分类科目与明细分类科目既有联系又有区别。总分类科目是概括地反映会计对象的具体内容，提供的是总括性指标。而明细分类科目是详细地反映会计对象的具体内容，提供的是比较详细具体的指标。总分类科目对明细分类科目具有统驭控制作用，而明细分类科目则是对总分类科目的具体化和详细说明。

下面以生产成本为例，说明总分类科目与各级明细分类科目之间的关系（表 2-14）。

3. 会计科目的设置原则

（1）合法性原则。

合法性原则指所设置的会计科目应当符合国家统一的会计制度的规定，以保证会计信息的规范、统一和相互可比。在不影响会计核算质量和对外提供统一的会计报告的前提下，企业也可根据自身特点增补或合并会计科目，做到统一性与灵活性相结合。

表2-14　总分类科目和各级明细科目之间的关系

总分类科目（一级科目）	明细分类科目	
	二级明细科目	三级明细科目
生产成本	A 产品	直接材料
		直接人工
		制造费用
	B 产品	直接材料
		直接人工
		制造费用

（2）相关性原则。

相关性原则指所设置的会计科目应为提供有关各方所需要的会计信息服务，满足对外报告与对内管理的要求。

（3）实用性原则。

实用性原则指所设置的会计科目应符合单位自身特点，满足单位实际需要。企业的组织形式、所处行业、经营内容及业务种类等不同，在会计科目的设置上亦应有所区别。

第3章 日清月结我做主——费用核算

3.1 老板出资，公司初成立——实收资本、资本公积

最近孙老板很烦恼啊，国家政策调整后，房价开始下跌，资金回笼渐有风险，如何投资成为他的头疼事。小李也很烦恼，大学毕业了，创业的点子也想了四年了，如何寻找资金成了他的头疼事。趁着北京这几天雾霾天有所缓解，两人踏青散心，结果一见如故，一拍即合，孙老板出钱，小李出力，俩人搭伙开起了公司。小李又找来了会计老张负责公司的财务工作。

3.1.1 投资有多少——实收资本、资本公积的核算

一大清早，老张找到孙老板，“孙总，您的钱已经打到银行账户了，工商局也认可了，这就是咱公司的实收资本。”

孙老板说“老张，你给我解释一下，什么叫实收资本，这钱以后我还能花吗？”

老张接着给孙老板解释：“实收资本是指您实际投入企业经营活动的各种财产物资，按实际投入数额入账。我们公司的实收资本是 20 万元，您当初多拿了 5 万元，所以这 5 万元就是咱们的资本公积。”写成会计分录就是：

借：银行存款　　250 000

　贷：实收资本——孙老板　　200 000

　　资本公积——资本溢价　　50 000

“现实中的记账凭证就是这样的，你看！”老张把账簿（表 3-1）拿给孙老板看。

表3–1　记账凭证

记 账 凭 证

2020 年 2 月 28 日第 1 号

摘要	会计科目		借方金额										贷方金额										账页或√
	总账科目	明细科目	千	百	十	万	千	百	十	元	角	分	千	百	十	万	千	百	十	元	角	分	
收到入资款	银行存款				2	5	0	0	0	0	0	0											
收孙老板入資款	实收资本														2	0	0	0	0	0	0	0	
孙老板多缴纳入资款	资本公积	资本溢价														5	0	0	0	0	0	0	
合计				¥	2	5	0	0	0	0	0	0		¥	2	5	0	0	0	0	0	0	

会计主管：　　　　记账：　　　　审核：　　　　制单：

3.1.2　理论知识链接

1. 工商登记与实收资本

企业成立必须经过工商行政管理部门的批准，这就是工商登记。工商登记的程序：公司名称的申请；银行开户，投入资本；请会计师事务所进行验资；到工商局进行登记；领取工商营业执照；到国、地税局进行税务登记。

股东入资时，一般会比向工商部门注册申请的注册资本金多一些，以备在入资过程中支付一些手续费之用。但会计准则规定实收资本（股本）科目只反映和营业执照上列示的实收资本相同的金额，多余的钱就需要计入“资本公积”科目了。

2. 资本公积

资本公积是所有者权益的重要组成部分，对股份有限公司来说，资本公积的形成来源包括很多种，除了上述案例中资本溢价形成的资本公积外，法定资产重估增值、接受捐赠的资产价值等也会形成资本公积。

3.2 资金收付如何实现——库存现金、银行存款、现金支票

3.2.1 留点现金做备用——库存现金

公司刚开始营业，小李到处忙着见客户，发展业务，这不明天又要出差，他急急忙忙地来找老张，说道："张会计，明天我要去趟天津谈业务，你给准备 1000 块钱的差旅费吧，这钱着急用，你赶紧去趟银行把钱取了。"

老张说："这个钱不用去银行取，咱保险柜里有。"说着，指了指墙角的铁家伙，"每个公司的财务室都需要配备保险柜，存放现金、支票、印章等重要东西。"

老张接着又解释："公司的钱基本都存在银行了，但是手里头也得留点现金，以备不时之需，像员工临时报销费用呀，借款什么的，这叫备用金。现金也不是随便说留多少就留多少的，一般银行会根据我们公司的情况定一个金额，像我们这样的小公司，一般三五千不等。"

小李看老张边拿钱，边给他解释，开玩笑地说："你这钱，每天进进出出，记得清楚吗，别时间长了和你自己的钱混咯。"

老张拿出一本账簿，说："现金这个东西，虽然数额小，但是保管起来必须慎重，这不还有专门账簿记录每笔收入和支出嘛，而且保管现金必须做到日清月结，很小心，看，这就是现金日记账（表 3-2）。"

表3-2 现金日记账

年		证号	摘要	借方	贷方	√	余额
月	日						
		承上月				√	500.00
3	1	1	银行提取现金	1 000.00		√	1 500.00
	2	1	支付保洁费用		200.00	√	1 300.00

续表

年		证号	摘要	借方	贷方	√	余额
月	日						

小李看了一眼，说："真是记录很清楚，但是你这个账单和实际数额对得上吗，要是实际的多了或者少了怎么办？"

老张接着又拿出另外一张单子，是他昨天现金盘点的表格（表3-3）。

表3-3　现金盘点报告表

单位名称：　　　　2020年3月2日

实存金额	账存金额	实存账存对比		备注
		盘盈	盘亏	
1 300	1 300			
分析原因：		审批意见：		

盘点人签章：　　　　出纳签章：

老张接着解释："由于企业的现金收支业务非常烦琐，同时现金又最易遭受非正常损失，所以公司都有对库存现金的清查制度。现金清查中发现现金多了或者少了时，除了设法查明原因外，还需及时编制'现金盘点报告表'，列明实存、账存与盈亏金额，并由经手人与出纳人员共同签章。清查后，需根据'现金盘点报告表'中的盈亏数进行账务处理。"

3.2.2　大额资金存银行——银行存款

小李从天津回来，带回来客户的订货款6万元，他找到老张，说："张会计，我们接了一个大单子，客户预付我们6万元，你放保险柜里吧。"

老张笑笑说："小李这次出差收获不小啊，但是这个钱不能放保险柜里，我得存到银行去。"

小李又有疑问了，"这钱在哪不都是我们的吗，你上次不就是从保险柜里拿钱给我的吗？”

老张说：“银行存款，顾名思义，就是公司放在银行里的钱。每个企业都需要在银行开设存款账户，除了规定范围内可以用现金直接支付的款项外，企业经营过程中发生的一切货币收支业务，都通过银行账户进行结算。与客户之间进行转账结算、给员工支付工资等都可以通过银行结算。而且如果我们收到了大额的现金结算款项，也要存入银行，库存现金不足了也可以去银行取。

如果我们收到了客户付给我们的款项，我们把钱存入银行，就得做记账凭证（表3-4）。

表3-4　记账凭证

记 账 凭 证

2020 年 3 月 5 日第 1 号

摘要	会计科目		借方金额										贷方金额										账页或√
	总账科目	明细科目	千	百	十	万	千	百	十	元	角	分	千	百	十	万	千	百	十	元	角	分	
存入现金	银行存款					6	0	0	0	0	0	0											
存入现金	现金															6	0	0	0	0	0	0	
合计					¥	6	0	0	0	0	0	0			¥	6	0	0	0	0	0	0	

会计主管：　　记账：　　审核：　　制单：

“此外，银行间转账结算的手段有很多：支票结算、汇兑结算、委托收款结算、银行汇票结算、银行本票结算、商业汇票结算、托收承付结算等。虽然每种结算方式所用的结算凭证和处理手续不同，但由于款项结算都会引起银行存款的收付，因此，各单位应按各种转账结算方式的要求，填制收付款项的结算凭证。并以收款的结算凭证为依据，借记银行存款账户，反映银行存款的收入；以付款的结算凭证为依据，贷记银行存款账户，反映银行存款的付出。”

小李说：“还是把钱存到银行好啊，这样张会计就省心了，不用像管理现金那样费心了。”

张会计摇摇头，接着说道：“公司的每一笔业务都没小事，即使把钱放到银行，我也得做银行存款日记账，而且每个月都要与银行对账。”

说着，他拿给小李一本银行存款日记账（表 3-5）。

表3-5　三栏式银行存款日记账

年		凭证		摘要	对方科目	收入	支出	结余
月	日	种类	号数					
3	1			上月转入				200 000
	2	银付	1	付购入材料款	物资采购		10 000	190 000
	5	银收	1	预收货款	预收账款	60 000		250 000

小李说：“银行保管比较精确，这样就不会存在你记的账和账户里的钱数

不一样了，不会像现金似的还得盘点，是吧？”

张会计又摇摇头，小李说：“怎么了，又不对了？”

张会计拿出上个月银行发给他的对账单（图 3–1），然后又把银行日记账递给他，说：“看吧。”

图3–1　银行打印的对账单

小李看了一会，像发现新大陆似的，“哎哟，都是记录的银行里的钱，怎么不一样呢？银行也会出错呀！”

张会计又拿出一样东西，说：“单位与银行存款余额不一致的原因有：或者是发生未达款项；或者是出现记账差错。未达款项，就是由于收、付款结算凭证在我们和银行之间的传递和记账时间不同，即我们双方记账时间不一样。如果我们银行存款日记账金额大于银行对账单所列存款余额，可能是我们已经收款记账而银行尚未记账，或者是银行已经付款记账而我们尚未记账的款项。如果我们账上金额小于银行对账单所列存款余额，有可能是我们已经付款记账而银行尚未记账，或者银行已经收款记账而我们还没记账的款项。发生未达款项，我们账上的钱数就和银行的不一样，但这不是说银行错了或者我们错了。为了检查我们和银行的账目是不是一样，我们要根据未达款项的不同情况，调节银行存款余额，编制‘银行存款余额调节表’，就是这个（表 3–6）。”

表3-6　银行存款余额调节表

银行存款余额调节表			
开户行及账户：			金额单位：元
项目	金额	项目	金额
企业银行存款日记账余额		银行对账单余额	
加：银行已收企业未收款		加：企业已收银行未收款	
减：银行已付企业未付款		减：企业已付银行未付款	
调节后的存款余额			
主管：	会计：		出纳：

3.2.3　就爱开支票——现金支票

刚刚送走了爱提问的小李，老张准备歇口气，新来的小会计王马虎走进来了，"师傅，我去银行取钱了，备用金不够了。"

老张说："东西都带齐了吗？"

王马虎挠挠头，"我要带什么东西吗，我去了给银行说咱取钱不行吗？"

"当然不行，要不然我们为什么要买现金支票。知道怎么填写吗，看来得我教你了。"老张让王马虎拿来现金支票，开始给她讲解。

首先看现金支票的构成，分成存根联和正联两部分，中间用骑缝线分隔开，存根联在左边，正联在右边（图 3-2）。签发了支票以后，把两联沿着骑缝线撕开，存根联留下来作为记账凭证，正联要拿到银行窗口办事人员那里提出现金。

银行
现金支票存根（湘）
XIV00000000
附加信息
出票日期　年　月　日

收款人：
金　额：
用　途：

单位主管　会计

本支票付款期限十天

银行现金支票（湘）　XIV00000000

出票日期（大写）　年　月　日　付款行名称：
收款人：　出票人账号

人民币（大写）	亿	千	百	十	万	千	百	十	元	角	分

用途
上列款项请从
我账户内支付
出票人签章
复核　记账

图3-2　现金支票

然后学习怎么填写现金支票。

其实填写支票是可以打印的，但是咱们还没有买这个机器，你要先学会动手填写。

（1）存根联：出票日期填写实际的签发日期，可以用阿拉伯数字，如2020年3月25日；收款人写“本单位”即可；金额填写实际支取的数额，用小写就行，如5 000；用途按实际需要填写，如“备用金”“发工资”等。存根联的出票日期必须和正联一样。

（2）出票日期：实际的签发日期要和存根联日期一样，但必须要用中文大写。

（3）收款人：如果是本单位提现，就写本单位的全称，也可以直接盖单位名称条形章。

（4）付款行名称及账号：这个在购买支票的时候银行已经事先打印好了，就不用自己填写了。

（5）支票金额：“人民币大写栏”后面必须用中文大写填写，第一个字前面不能留空白，如“伍佰元整”，大写栏后面紧接着就是填写阿拉伯数字小写的金额，在最高位前面用人民币符号“¥”封住，大小写一定要完全一致，都不得涂改。

（6）支票签章：在支票正联正面的左下方加盖单位在银行预留的财务专用章和人名章，缺一个都不行，印泥是红色的，如果印章不清楚，支票就作废了。

（7）支票密码：大多数银行要求支票加密。在支票签发后送到银行前，用从银行购买的专用密码器编写一个密码填写在密码栏中。

填好的现金支票就是这样的（图3-3）：

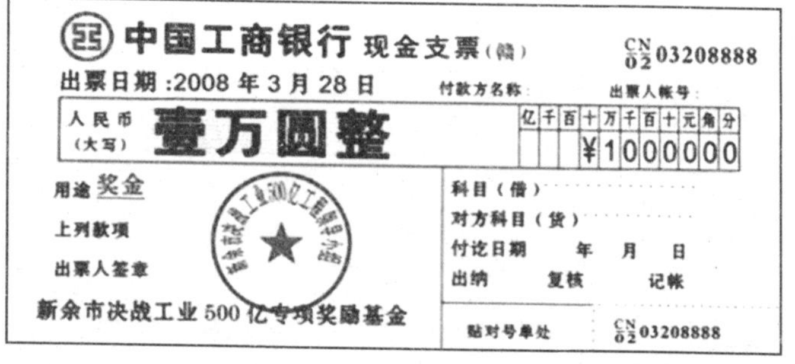
中国工商银行 现金支票（赣） CN 02 03208888
出票日期：2008年3月28日 付款方名称： 出票人帐号：
人民币（大写） 壹万圆整 亿 千 百 十 万 千 百 十 元 角 分 ¥1000000
用途 奖金 科目（借）
上列款项 对方科目（贷）
出票人签章 付讫日期 年 月 日
出纳 复核 记帐
新余市决战工业500亿专项奖励基金 贴对号单处 CN 02 03208888

图3-3 填好的现金支票

3.2.4　理论知识链接

1. 现金的使用范围

（1）职工的工资、津贴。

（2）个人劳务报酬。

（3）根据国家规定发给个人的各种奖金。

（4）各种劳保、福利费用以及国家规定的对个人的其他支出。

（5）向个人收购农副产品和其他物资的价款。

（6）出差人员必须随身携带的差旅费。

（7）转账结算起点以下的零星支出。

（8）中国人民银行确定需要支付现金的其他支出。

2. 企业银行存款管理制度

（1）每个企业都要向当地银行的一个分支机构或其他金融机构申请开立存款户，用于保存货币资金并办理转账结算业务。

（2）每个企业除了按规定限额留存少量库存现金外，其余所有货币资金都必须存入银行，企业与其他单位之间的一切收付款项，除制度规定用现金支付部分外，都必须通过银行办理转账结算。

（3）为了加强对银行存款的管理，企业应配备专职出纳人员办理银行存款的结算业务。出纳人员在办理银行转账业务时，应按照各种结算方式的规定填制或取得银行印发的结算凭证，据此进行银行存款收付的核算。

3.3　预付租金怎样处理——转账支票、预付账款、长期待摊费用

一大早，物业公司的人来到公司，“该付房租了，一个月 3 000 元，一次性支付一年的共 36 000 元，这是发票。”王马虎着急地说：“我们没有这么多现金，我去银行给您取去。”

这时老张走进来，“马虎丫头，我们公司间支付款项大多数是用支票的，或者从银行电汇，不用去银行取的。同城的可以用转账支票，也可以电汇；如果是外地的用电汇，我们可以给他开张支票就行了。”

3.3.1 单位也能开支票——转账支票

老张拿着转账支票对王马虎说："还记得我教你的填写现金支票的方法吧，基本上都一样，唯一的区别就是转账支票的抬头不能写我们自己单位的名称，要写对方单位的名称，或者空着也行，让对方自己填写（图 3-4）。"

入账时，记账凭证后面要附转账支票存根联、相关业务发票作为原始凭证。

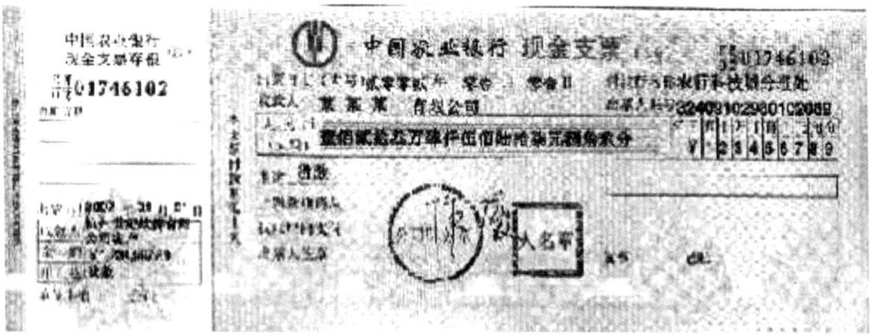

图3-4 填好的转账支票

送走了物业公司的人，王马虎长舒一口气，以为万事大吉了，老张又拿来一张转账支票，"这是客户汇给我们的款项，你看看该怎么入账啊？"

王马虎摸摸脑袋，"师傅，我不会，您教我吧。"

老张喝口水，润了润嗓子，说："好的，咱一步一步来。"

第一步，填写收款方，就是咱们公司的名称，这是必须的。

第二步，支票上的金额如果不全，你要补充完整。

第三步，在支票背面银行规定的位置盖上咱们公司在银行预留的印鉴，也就是财务章和人名章，有的银行会要去背书，比如写"××银行委托收款"等，要看银行的要求。

第四步，填写银行进账单（图 3-5）。

第五步，拿着填好的支票和进账单去银行入账，然后记得要取回银行盖章的进账单的回单联。

第六步，回到公司填写记账凭证，记得将进账单附在后面作为原始凭证。

银行进账单

××××年××月××日

出票人	全　　称	支票上所盖印签章单位全称
	账　　号	支票上的出票人账号
	开户银行	支票上的付款行名称
金额	人民币（小写）	亿 千 百 十 万 千 百 十 元 角 分 支 票 上 所 示 金 额
收款人	全　　称	武汉生物科技有限公司
	账　　号	0500012030004240
	开户银行	中国民生银行武汉支行
票据种类		票据张数
票据号码		
备注：		

复核　　　记账

银行进账单　（回　单）　1

××××年××月××日

出票人	全　　称	支票上所盖印签章单位全称	收款人	全　　称	武汉生物科技有限公司
	账　　号	支票上的出票人账号		账　　号	0500012030004240
	开户银行	支票上的付款行名称		开户银行	中国民生银行武汉支行
金额	人民币（大写）				亿 千 百 十 万 千 百 十 元 角 分
票据种类		通过武汉电子支付系统二			
票据号码		票据号码			
备注：			受理银行签章		

此联是开户银行交给持（出）票人的回单

注意：本回执不作收款证明，不作提货依据，不作账务处理，仅供查询用。

图3–5　银行进账单

3.3.2 提前支付的款项——预付账款

“师傅，我查了一下，咱们的房租款已经划走了，这个怎么入账啊？是全部计入管理费用吗？”王马虎拿着房租发票找到了张会计。

张会计赶紧打断王马虎，“当然不行，我们这是预付了一年的房租，不能一次计入费用，会计不是按照权责发生制的原则嘛，我们要把这个费用在一年内按月进行分摊。像这种分摊期在一年以内的，你应在‘预付账款’里归集，每个月摊销一次。”

张会计边说，边给王马虎写了个会计分录：

借：预付账款——房租　　36 000

　　贷：银行存款　　36 000

“这是咱们一次性支付的全年房租，我们先把它放在预付账款里，然后我们每个月进行摊销时，做这个分录”：

借：管理费用——房租　　3 000

　　贷：预付账款——房租　　3 000

3.3.3 理论知识链接

权责发生制和收付实现制的区别：

权责发生制是指在收入和费用实际发生时进行确认，不必等到实际收到现金或者支付现金时才确认。凡在当期取得的收入或者应当负担的费用，不论款项是否已经收付，都应当作为当期的收入或费用；凡是不属于当期的收入或费用，即使款项已经在当期收到或已经当期支付，都不能作为当期的收入或费用。

与权责发生制相对应的就是收付实现制，收付实现制是以款项的实际收付为标准来处理经济业务，确定本期收入和费用，计算本期盈亏的会计处理基础。在收付实现制的基础上，凡是本期实际以现款付出的费用，不论是否应该在本期收入中获得补偿都作为本期应计费用处理；凡是本期实际收到的现款收入，不论是否属于本期都应作为本期应计收入处理；反之，凡本期还没有以现款收到的收入和支付的费用，即使它归属于本期，也不得作为本期的收入和费用处理。

目前，我国的行政事业单位采用收付实现制，事业单位除经营业务采用权责发生制外，其他业务也采用收付实现制，而企业则一律要求以权责发生制为基础进行会计核算。

3.3.4　提前支付长于一年的款项——长期待摊费用

房租的账务处理完了，王马虎挠头一想，师傅刚才说分摊期在一年以内的可以在预付账款里核算，那么分摊期在一年以上的呢，王马虎想起前几天支付了房屋装修费6万元，那个应该摊销期不止一年吧，总不会也计入“预付账款”，王马虎坐不住了，跑到张会计那：“师傅，把您做的房屋装修费的会计凭证给我看一下吧！”

张会计说：“怎么，你有什么想法？”

“刚才您说摊销期一年以内的可以作‘预付账款’核算，那房屋装修费用摊销期不止一年吧，您把它计入哪个科目了？”

张会计笑着说：“进步不小，学会举一反三思考问题了。”

说着，他拿出了自己做的凭证（表3-7）。

表3-7　装修费用记账凭证

记 账 凭 证

2020年3月2日第1号

摘要	会计科目		借方金额										贷方金额										账页或√
	总账科目	明细科目	千	百	十	万	千	百	十	元	角	分	千	百	十	万	千	百	十	元	角	分	
支付房屋装修费用	长期待摊费用	装修费				6	0	0	0	0	0	0											
支付房屋装修费用	银行存款															6	0	0	0	0	0	0	

续表

摘要	会计科目		借方金额										贷方金额										账页或√
	总账科目	明细科目	千	百	十	万	千	百	十	元	角	分	千	百	十	万	千	百	十	元	角	分	
合计					¥	6	0	0	0	0	0	0			¥	6	0	0	0	0	0	0	

会计主管：　　记账：　　审核：　　制单：

王马虎一看，恍然大悟，“我知道了，摊销期在一年以上的就在‘长期待摊费用’里面核算是吧？”

张会计点点头，“我们这个房屋的装修费是按 5 年分摊的，你看看这个月怎么摊销？”

王马虎拿起笔，低头算了起来。每个月的摊销额 =60 000 ÷ 5 ÷ 12=1 000。

记会计分录是：

借：管理费用——装修费　　1 000

　贷：长期待摊费用——装修费　　1 000

3.4　费用报销严执行——管理费用

3.4.1　包罗万象的科目——管理费用

早上刚到公司，小李的助理董小花拿着一堆发票进来了要报销，“李总上周去天津出差的差旅费还没给报销，我今天整理了一下，您看可以给报销了吧？”

王马虎暗自庆幸，幸亏师傅教我怎么报销费用了，要不然师傅这会不在，我又该不知道怎么办了。她递给董小花一个差旅费用报销单（图 3-6），“你先把这个单子填好，然后把费用的金额合计出来，填在单子上。”

差旅费用报销单

部门：　　　　　　　　　　年　　月　　日

<table>
<tr><td colspan="4">出差人</td><td colspan="7"></td><td colspan="2">出差事由</td><td colspan="4"></td></tr>
<tr><td colspan="4">出　发</td><td colspan="4">到　达</td><td rowspan="3">交通工具</td><td colspan="2">交通费</td><td colspan="6">出差补贴</td></tr>
<tr><td rowspan="2">月</td><td rowspan="2">日</td><td rowspan="2">时</td><td rowspan="2">地点</td><td rowspan="2">月</td><td rowspan="2">日</td><td rowspan="2">时</td><td rowspan="2">地点</td><td rowspan="2">单据张数</td><td rowspan="2">金额</td><td colspan="3">天数</td><td colspan="3">金额</td></tr>
<tr><td colspan="3"></td><td colspan="3"></td></tr>
<tr><td></td><td></td><td></td><td></td><td></td><td></td><td></td><td></td><td></td><td></td><td></td><td colspan="6">其他费用</td></tr>
<tr><td></td><td></td><td></td><td></td><td></td><td></td><td></td><td></td><td></td><td></td><td></td><td>项目</td><td>单据张数</td><td>金额</td><td>项目</td><td>单据张数</td><td>金额</td></tr>
<tr><td></td><td></td><td></td><td></td><td></td><td></td><td></td><td></td><td></td><td></td><td></td><td>住宿费</td><td></td><td></td><td>邮电费</td><td></td><td></td></tr>
<tr><td></td><td></td><td></td><td></td><td></td><td></td><td></td><td></td><td></td><td></td><td></td><td>住宿结余补贴</td><td></td><td></td><td>不买卧铺补贴</td><td></td><td></td></tr>
<tr><td></td><td></td><td></td><td></td><td></td><td></td><td></td><td></td><td></td><td></td><td></td><td>市内车费</td><td></td><td></td><td>其他</td><td></td><td></td></tr>
<tr><td></td><td></td><td></td><td></td><td></td><td></td><td></td><td></td><td></td><td></td><td></td><td>办公用品费</td><td></td><td></td><td></td><td></td><td></td></tr>
<tr><td colspan="9">合计</td><td></td><td></td><td></td><td></td><td></td><td>合计</td><td></td><td></td></tr>
<tr><td colspan="2" rowspan="2">报销总额</td><td colspan="8" rowspan="2">人民币（大写）</td><td colspan="4" rowspan="2">小写¥</td><td>预借金额</td><td colspan="2">¥</td></tr>
<tr><td>退补金额</td><td colspan="2">¥</td></tr>
</table>

附单据　　张

主管：　　　　审核：　　　　证明：　　　　领款人：

图3–6　差旅费用报销单

董小花把手里几张发票分类填上了，又算出合计数，很快就填好了，递给了王马虎。

王马虎看了一眼，核算了一下，数字是对的，“把这个大小写都填上，签上你的名字，再去找老板签个字。”

董小花叹了口气，“哎，怎么报销个费用这么多事？”

王马虎笑着说：“费用的报销必须严格执行流程，要不然大家都拿公司的钱给自己谋福利了。”

“也是，我这就去找老板签字。”董小花道。

不一会，董小花就跑回来了，王马虎看了签名之后，打开保险柜给她取出现金。

不过这些发票都要作为原始凭证贴在记账凭证后面的，所以大家一定要贴得干净整齐，就像这样的（图 3-7）。

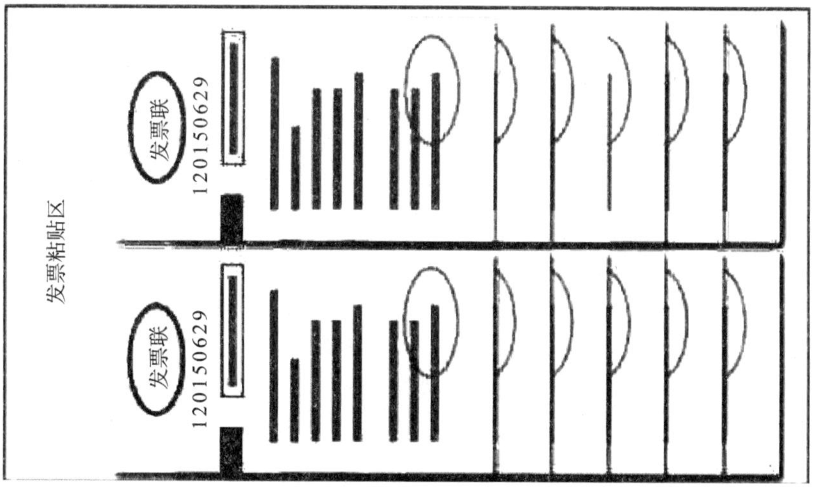

图3-7　粘贴报销凭证

整理完发票，填写好记账凭证后，王马虎开始寻思了，师傅告诉我管理人员的差旅费是计入管理费用，那其他人的呢，管理费用到底该如何核算？想到这里，她就准备去查一查。

3.4.2　条分缕析——管理费用明细科目的设置

管理费用是企业行政管理部门为组织和管理生产经营活动而发生的各种费用，所以管理费用涵盖的业务内容很多，会计人员应根据企业的实际情况设置明细科目（表 3-8），以方便会计核算。

表3-8　企业管理费用下常设的明细科目列表

二级科目	三级科目	核算内容
工资	基本工资、临时工资、加班费等	支付给管理人员的各种工资
职工福利费	福利费、医疗补助	支付给管理人员的午餐费、医疗费、防暑降温费等
折旧费		管理用固定资产的折旧
交通费		管理人员报销的市内出租车票、公交车票、地铁车票、汽油费等
修理费		空调、打印机、复印机、传真机等的修理安装费，硬件升级费，办公楼和宿舍装修费，其他管理部办公用品移动和安装费等
办公费	书报费、印刷费、日常办公用品费、消耗用品费、年检、审计费、其他	“书报费”指管理部门购书，订报刊的费用，“印刷费、复印费”指印名片、劳动合同、公司内部报纸等，“日常办公用品”指管理部门每月按预算标准购买的办公用品及为新员工购买的小件办公品，以及传真机、打印机、复印机用色带、墨盒、墨粉、复印纸等，“消耗用品费”主要指人事总务部购咖啡、茶叶、纸杯、纯净水、矿泉水、纸巾以及洗手间用的洗手液、消毒液、手纸等，“年检、审计费”指企业参加工商联合年费、企业变更费、企业验资审计费等。“其他”包括财务部购发票费、财务报表、财务账本和封皮，以及复印费等
无形资产摊销		对公司所拥有的无形资产分期摊销
租赁费		包括食堂房租，会议室租赁费，职工宿舍房租，其他的管理部门使用场地时发生的场地费用
邮电费	快递费、上网费	“快递费”主要指管理部门日常发快件的费用（例如 EMS），“上网费”指 Internet 使用费，LGE-NET 使用费
电话费	固定电话费、手机费	“固定电话费”指管理部门办公室有线电话使用费，“手机费”指管理部门移动电话使用费
差旅费	国内、国外、培训差旅费、市内交通费	“国内”指管理部职工国内出差发生的费用，“国外”指管理部职工国外出差发生的费用，“培训差旅费”指管理部员工培训期间发生的住宿费等，“市内交通费”指管理部门市内办公发生的交通费，培训期间发生的市内交通费等

续表

二级科目	三级科目	核算内容
税金	印花税、车船使用税、房产税、土地使用税	“印花税”指公司财务账本所交的印花税和公司销售合同、国外进口合同所交的印花税，“车船使用税”指公司管理部门使用车辆所交的税金，“房产税”指公司使用厂房所交的税金，“土地使用税”指公司征地所交的税金
招待费	招待费、活动经费	“招待费”指公司管理部对外招待客户发生的餐费，“活动经费”指公司管理部职工内部聚餐发生的费用
水电费		管理部门消耗水电的费用
保险费		公司为手机运输所投的保险费以及车辆保险费等
其他	签证费、展位、摊位费、清洁费、保安费、其他	“签证费”指办理出国护照签证或签证居留证延期费，国外工作人员专家证延期费等，“展位、摊位费”指公司人事招聘费或管理部搞宣传的展位费，如参加广交会、高交会、APEC会等，“清洁费”指公司雇佣保洁员费用，“保安费”指公司雇佣保安的工资费用，“其他”包含人事部在网上招聘广告费以及“管理费用”其他二级科目所未包括的费用

3.5 采购销售来报销——销售费用

3.5.1 发广告、做宣传——销售费用

快下班了，主管销售的经理来了，把一个签过字的报销单递给张会计，还有一张广告公司开的发票。

王马虎凑上来，“怎么又来了个管理费用，今早我刚贴了一堆发票，都是管理费用的。”

张会计摇摇头，“这个费用和你早上贴的那堆发票可不一样，这是销售部门的，他们的花费都要计入‘销售费用’这个科目。”

王马虎想了想，她整理的管理费用的明细里好像确实没有广告费这个二级科目，她不好意思地挠挠头，“嗯，我又差点马虎了。”

张会计说：“明天我们从银行电汇过去就行了，你填写记账凭证吧。”

王马虎很快就填制完了记账凭证（表 3-9）。

表3-9　广告费记账凭证

记 账 凭 证

2020 年 3 月 8 日第 1 号

摘要	会计科目		借方金额										贷方金额										账页或√
	总账科目	明细科目	千	百	十	万	千	百	十	元	角	分	千	百	十	万	千	百	十	元	角	分	
销售部门支付广告费	销售费用	广告费					2	0	0	0	0	0											
销售部门支付广告费	银行存款																2	0	0	0	0	0	
合计						¥	2	0	0	0	0	0				¥	2	0	0	0	0	0	

会计主管：　　　　记账：　　　　审核：　　　　制单：

3.5.2　销售费用包含哪些——销售费用明细科目的设置

销售费用明细科目设置如表 3-10 所示。

表3-10　销售费用明细科目

二级科目	核算内容
工资	支付给销售人员的工资
折旧费	销售部门使用固定资产的折旧费
交通费	销售人员报销的市内出租车票、公交车票、地铁车票、汽油费等
福利费	为销售人员支付的午餐费、医药费、防暑降温费、过节费等福利性质的费用
劳保用品	为销售人员购买服装、手套、口罩等劳保用品支付的费用
业务招待费	销售部门报销的请客餐费、烟酒、食品、礼品支付的费用
差旅费	销售人员出差报销的住宿费、火车票、飞机票等
教育经费	为员工支付的教育培训费用
广告费	支付的在媒体上正式发布的广告费用

续表

二级科目	核算内容
业务宣传费	为宣传企业产品、形象而发生的广告费外的其他费用
其他	除上述费用外其他与公司销售相关的费用

3.6 财务费用轻松搞定——财务费用

3.6.1 存钱也能有收入——利息收入的处理

今天，王马虎去银行取回了一大堆回单，其中有一张银行存款的利息收入的单子，王马虎一看，利息收入进财务费用没错的，课本上应该是这样做分录的：

借：银行存款

贷：财务费用——利息收入

王马虎对自己的处理很自信，就自作主张地填制了记账凭证（表 3-11）。

表3-11 利息收入记账凭证

记 账 凭 证

2020 年 3 月 25 日第 12 号

摘要	会计科目		借方金额										贷方金额										账页或√
	总账科目	明细科目	千	百	十	万	千	百	十	元	角	分	千	百	十	万	千	百	十	元	角	分	
收第一季度银行利息	银行存款							3	4	0	0	0											
收第一节度银行利息	财务费用	利息收入																3	4	0	0	0	
合计							¥	3	4	0	0	0					¥	3	4	0	0	0	

会计主管： 记账： 审核： 制单：

她兴冲冲地拿给张会计看，结果，张会计看了后说：“你犯了一个会计新手很容易犯的错误，财务费用作为期间费用，发生额一般只计入借方，不能计入贷方，像这种利息收入，你应该用红字或者负数计在借方作为费用的冲减。”

正确的做法应是这样的（表 3-12）。

表3-12　利息收入记账凭证

记 账 凭 证

2020 年 3 月 25 日第 12 号

摘要	会计科目		借方金额										贷方金额										账页或√
	总账科目	明细科目	千	百	十	万	千	百	十	元	角	分	千	百	十	万	千	百	十	元	角	分	
收第一季度银行利息	银行存款							3	4	0	0	0											
收第一节度银行利息	财务费用	利息收入					-	3	4	0	0	0											
合计									¥	0	0	0			¥								

会计主管：　　记账：　　审核：　　制单：

“其实，你这样做呢也不算是错误，只不过不符合实务操作的习惯，也不利于财务费用多栏账的记录和正确生成利润表，所以，记住以后利息收入就这样做账。”张会计接着解释道。

3.6.2　财务费用有点少——财务费用的核算范围

财务费用不像管理和销售费用，它的核算范围比较简单，一般包括以下几种：

（1）银行收取的各种手续费，比如电汇手续费，购买支票的工本费和手续费等。

（2）利息支出：如果企业有贷款的话，就会有相应的利息支出。

（3）利息收入：企业在银行的开户行账户上的存款每个季度都会产生利息收入。

（4）汇兑损益：如果有外币存款或者外币业务发生，就会由于利率变动而产生汇兑损益。

3.7 办公用品：低值易耗品还是固定资产——折旧

3.7.1 小物件的核算——低值易耗品

前台的小姑娘拿着一份采购清单来找王马虎，“马虎姐，给我开个转账支票吧，我们买了一大批办公用品。”说着，递给她一个采购明细，各色签字笔、尺子、橡皮、复印纸等，满满列了一张纸。

王马虎拿着单子找到张会计，“师傅，前台要开张支票买办公用品，发票上开‘办公用品’就可以吧？”

张会计点点头，“对，开‘办公用品’，归入‘管理费用’核算就行。”

王马虎以为万事大吉了，但是，张会计接着说：“像前台这样一次购买的办公用品量很大，金额也很大的情况下，我们应该先计入‘低值易耗品’，然后他们每次领用的时候再分摊入费用。”

王马虎一拍脑门，“对了，我记得低值易耗品是指不能作为固定资产核算的各种用具物品，如工具、玻璃器皿等，还有在经营过程中周转使用的包装容器等。”

低值易耗品的核算方法是：

购入时：

借：低值易耗品

　　贷：银行存款

领用时：

借：管理费用等

　　贷：低值易耗品

张会计接着说："其实'低值易耗品'这个科目在新准则中已经被取消了，可以把它归入'周转材料'科目，但是我们可以根据需要，设置'低值易耗品'一级科目，这样做新准则也是允许的。"

3.7.2 大件大额的资产——固定资产

王马虎整理李总这个月的采购清单时，发现还有一台佳能打印机，她很兴奋，"师傅，我们以后有新的打印机可以用了，李总要给咱们财务部买台打印机，这样我就不用每次都跑到销售部门去打印东西了。"

张会计笑了笑，"怎么，跑累了？"

"哪有，我不是那个意思，我是说我们财务部有自己的'办公用品'了。"王马虎自豪地说。

"你这个话有歧义哦，打印机是办公用的，但是不是放在'办公用品'里面核算的。这属于'固定资产'，不能一次计入费用，要按月计提折旧。"张会计立刻纠正王马虎的话。

购入固定资产时：

借：固定资产——电子设备

贷：银行存款

"你呀，每个月都得对固定资产计提折旧，所以你做个明细表，认真记录每个部门的固定资产名称、购入时间、数量、原价、折旧方法、折旧年限、残值率，然后根据折旧方法正确计算出折旧额。"说着，张会计拿出一份她之前制作的固定资产折旧明细表样（表 3-13）。

表3-13 固定资产明细及计提折旧表

编制时间： 年 月 金额单位：

序号	部门	名称	单位	数量	单价	原值	残值率	预计净残值	折旧年限	本月折旧	累计折旧	净值	入账时间	开始计提折旧时间
1														
2														
3														
4														

续表

序号	部门	名称	单位	数量	单价	原值	残值率	预计净残值	折旧年限	本月折旧	累计折旧	净值	入账时间	开始计提折旧时间
5														
6														
7														
8														
9														

3.7.3 资产怎么越来越不值钱了？——累计折旧

看到表格，王马虎又有疑问了，“什么是折旧啊？”

“固定资产的价值一般都比较高，使用的时间很长，不能把花费一次计入费用，而是应该在使用期内分期计入费用，这个分期的过程就是通过提取折旧来实现的。”

“比如这台打印机，我们一共花了 3 000 元，通常我们认为可以使用 3 年，我们假定到期能收回 5% 的钱，大约是 150 元，这样在 3 年里我们每个月的折旧额就是，”张会计边说边写出了这个式子：

$$3\ 000 \times (1-5\%) \div 3 \div 12=79.17$$

张会计说：“你看，这个 3 000 就是打印机的原始的入账价值，5% 是我们设定的残值率，3 年是使用年限，然后我们将原值去除残值后的余额在 3 年内平均摊销，就得到了每个月的折旧额，这就叫作平均年限法。

“固定资产折旧的时候，应该按使用部门计入不同的费用科目。这个打印机是由财务部使用，所以折旧应该计入‘管理费用’，如果是销售部门使用的就应该计入‘销售费用’。”

王马虎说：“哦，那我知道了，这个月我们得计提 79.17 的折旧，计入‘管理费用’就行。”

“不对，固定资产的折旧是当月购入，下月开始计提折旧，当月报废呢，也是从下个月停止计提折旧，所以打印机的折旧应该从下个月开始计提。”张会计及时制止了王马虎做账的冲动。

王马虎点点头，又转念一想，“可是师傅，我们财务部有好多固定资产，要是再算上其他部门，固定资产那么多，我要一件一件计提折旧吗？”

“这个问题很好，我们当然不能这么做了，这样做工作量太大了，一般情况下，我们都会按照部门归集折旧额，然后在记账凭证后面附上自制的折旧分配表（表 3-14）作为原始凭证。

表3-14 折旧分配表记账凭证

分类	3 月
管理部门用资产	260
销售部门用资产	490
合计	750

然后根据这个表格的分配，计提折旧

借：管理费用

销售费用

贷：累计折旧

“当然，凭证也不用按每项固定资产填写，直接汇总填写一张记账凭证就行。这样，你知道怎么写了吧。”

王马虎点点头，很快就填好了一张凭证（表 3-15）。

表3-15 固定资产计提折旧记账凭证

记 账 凭 证

2020 年 3 月 31 日第 20 号

摘要	会计科目		借方金额										贷方金额										账页或√
	总账科目	明细科目	千	百	十	万	千	百	十	元	角	分	千	百	十	万	千	百	十	元	角	分	
计提管理部门固定资产折旧	管理费用							2	6	0	0	0											
计提销售部门固定资产折旧	销售费用							4	9	0	0	0											

续表

摘要	会计科目		借方金额										贷方金额										账页或√
	总账科目	明细科目	千	百	十	万	千	百	十	元	角	分	千	百	十	万	千	百	十	元	角	分	
计提固定资产折旧		累计折旧																7	5	0	0	0	
合计							¥	7	5	0	0	0			¥		¥	7	5	0	0	0	

会计主管：　　记账：　　审核：　　制单：

3.7.4 理论知识链接

1. 固定资产和低值易耗品的区分

固定资产是指使用期限在 1 年以上、单位价值在规定的标准以上，并在使用中保持原来物质形态的资产，包括房屋及建筑物、机器设备、运输设备、工具器具等。

低值易耗品是指不能作为固定资产的各种用具物品，按其用途可以分成一般工具、专用工具、替换设备、管理用具、员工保护用品，以及不属于以上各类的低值易耗品。也就是说企业应该制订一些规则，规定哪些资产可以归为固定资产核算，剩下的就是低值易耗品了。

2. 固定资产的折旧方法

企业应当根据固定资产的性质和消耗方式，合理地确定固定资产的预计使用年限和预计净残值，并根据科技发展、环境及其他因素，选择合理的固定资产折旧方法，按照管理权限，经股东大会或董事会，或经理（厂长）会议或类似机构批准，作为计提折旧的依据。同时，按照法律、行政法规的规定报送有关各方备案，并备置于企业所在地，以供投资者等有关各方查阅。企业已经确定并对外报送，或备置于企业所在地的有关固定资产预计使用年限和预计净残值、折旧方法等，一经确定不得随意变更，如需变更，仍然应当按照上述程序，经批准后报送有关各方备案，并在会计报表附注中予以说明。

固定资产折旧方法可以采用平均年限法、工作量法、年数总和法、双倍余额递减法等。固定资产的应提折旧额一般按固定资产的原值、预计残值率和分类年折旧率来计算。预计残值率除国家另有规定者外，应为固定资产原值的 3% ～ 5%。

①平均年限法，又叫直线法，是按照估计使用年限平均计算固定资产折旧额的一种办法，采用这种办法，固定资产成本应均匀地摊配于使用期限内的每一个会计期间。平均年限法的计算公式是：

年折旧率=1-预计残值率/折旧年限 × 100%

月折旧率=年折旧率 ÷ 12

月折旧额=固定资产原值 × 月折旧率

②工作量法，即以固定资产应提折旧总额除以预计工作时间或工作量，以平均计算单位工作量折旧的方法。

③加速折旧法，又叫双倍余额递减法，即以固定资产账面净值作为折旧基数，以直线折旧率（不考虑残值）的双倍作为折旧率，计算固定资产折旧的一种方法。其计算公式是：

年折旧率=2 ÷ 折旧年限 × 100%

月折旧率=年折旧率 ÷ 12

月折旧额=固定资产账面净值 × 月折旧率

④年数总和法，又叫级数递减法，即按固定资产在有效使用期内的累计应提折旧总额和递减分数，计算每年折旧额，然后再计算每月折旧额。其中：

使用年限内累计应提折旧总额=固定资产原值 ×（1-预计残值率）

递减分数的分子是到各年时的可耐用年限，分母是将固定资产耐用年限的逐期年限加总。例如，某固定资产的折旧年限为 5 年，则递减分数的分母：5+4+3+2+1=15，分子分别为 5、4、3、2、1，因此递减分数分别为 5/15、4/15、3/15、2/15、1/15。

同时，年数总和法的计算公式是：

年折旧率=尚可使用年限 ÷ 预计使用年限的年数总和 × 100%

月折旧率=年折旧率 ÷ 12

月折旧额=（固定资产原值-预计净残值）× 月折旧率

3. 固定资产的折旧原则

（1）企业因更新改造等原因而调整固定资产价值的，应当根据调整后价值，预计尚可使用年限和净残值，按选用的折旧方法计提折旧。

（2）对于接受捐赠旧的固定资产，企业应当按照确定的固定资产入账价值、预计尚可使用年限、预计净残值，按选用的折旧方法计提折旧。

（3）融资租入的固定资产，应当采用与自有应计折旧资产相一致的折旧政策。能够合理确定租赁期届满时将会取得租赁资产所有权的，应当在租赁资产尚可使用年限内计提折旧；无法合理确定租赁期届满时能够取得租赁资产所有权的，应当在租赁期与租赁资产尚可使用年限两者中较短的期间内计提折旧。

（4）企业一般应按月提取折旧，当月增加的固定资产，当月不提折旧，从下月起计提折旧；当月减少的固定资产，当月照提折旧，从下月起不提折旧。

（5）固定资产提足折旧后，不论能否继续使用，均不再提取折旧；提前报废的固定资产，也不再补提折旧。所谓提足折旧，是指已经提足该项固定资产应提的折旧总额。应提的折旧总额为固定资产原价减去预计残值加上预计清理费用。

3.8 财务软件来帮忙——无形资产、摊销

3.8.1 看不见、摸不着的东西怎么计量呢？——无形资产的核算

随着公司业务越做越大，财务上的工作也逐渐增多，张会计向小李申请购买财务软件，考虑到会计核算的重要性，申请很快就批准了，今天，财务软件公司的人就来给财务部安装财务软件了。

王马虎兴奋地不得了：“太好了，我的手工账做了这么久了，终于可以解放了。”

张会计摇摇头："别高兴得太早，财务软件刚安装上要试运行，我们也要先学习一下，手工做账还是要继续的，等到软件运行稳定了才能最终代替手工做账。"

"不管怎么样，未来我们有财务软件可以用还是一件令人高兴的事。师傅，这个软件这么贵，花了我们 2 万元，而且使用期也超过一年，但是它安装在我们电脑里，我又看不到它，应该不是固定资产，那我们应该放在哪里核算呀？"王马虎的疑问又来了。

张会计点点头，"看来，你对固定资产的掌握很好，像软件这种没有实物形态的资产应该放在无形资产里核算。所谓无形资产，就是企业长期使用而没有实物形态的非货币性资产，包括专利权、非专利技术、商标权、著作权、土地使用权、商誉等。像我们购入的这个软件，就按购入价直接做账。"

借：无形资产——软件　　　　20 000

　贷：银行存款　　　　20 000

3.8.2　看不见的东西也会越来越不值钱——无形资产的摊销

做完账，王马虎又想到了新问题，"师傅，固定资产每个月都会计提折旧，无形资产价值这么大，是不是每个月也得计提折旧啊？"

张会计对王马虎最近的进步很满意，她点点头："你很聪明，但是无形资产的不叫'累计折旧'，叫作'累计摊销'，和折旧差不多，也是按月计提。而且还有一点不一样，新增的固定资产是从下个月才开始计提折旧，而无形资产是当月增加的当月就开始摊销，所以，从这个月开始我们的财务软件就应该计算摊销额。"

"那无形资产的摊销方法呢？"王马虎接着问。

张会计接着给她解释："无形资产的摊销方法就一种，直线法摊销，这个和固定资产的直线法计提折旧是一样的，财务软件我们按 10 年进行摊销，每个月的摊销额 =20 000 ÷ 10 ÷ 12=166.67。"

会计分录就是：

借：管理费用——无形资产摊销　　　　166.67

　贷：累计摊销——软件　　　　166.67

3.8.3 理论知识链接

无形资产应当自取得当月起在预计使用年限内分期平均摊销，计入损益。如预计使用年限超过了相关合同规定的受益年限或法律规定的有效年限，该无形资产的摊销年限按如下原则确定：

（1）合同规定受益年限但法律没有规定有效年限的，摊销年限不应超过合同规定的受益年限。

（2）合同没有规定受益年限但法律规定有效年限的，摊销年限不应超过法律规定的有效年限。

（3）合同规定了受益年限，法律也规定了有效年限的，摊销年限不应超过受益年限和有效年限中的较短者。

（4）如果合同没有规定受益年限，法律也没有规定有效年限的，摊销年限不应超过 10 年。

3.9 工资驾到——职工薪酬

月底是财务部最忙的时候，这几天，王马虎忙着为各个部门人员计算工资，其实这项工作应由人事部门完成，但是现在公司规模还比较小，所以就由财务部代劳了。

3.9.1 工资怎么算、怎么发？——工资的计提和发放

张会计给王马虎列了一个发放工资的步骤：

（1）计算工资。

（2）从银行提取现金。

（3）向员工发放工资。

（4）进行账务处理：分两步，先计提再发放。

我们看看她是怎么一步一步处理的吧。

1. 计算工资

王马虎在张会计的指导下，通过 Excel 计算了各个部门工作人员的工资（表 3–16）。

表3-16　3月工资表

2020 年 3 月 31 日

序号	部门	姓名	基本工资	加班费	扣除病事假	午餐补贴	应发合计	扣除公积金社保	应税所得额	应交所得税	实发工资总额
001	管理	小李	8 000	0	0	300	8 300	1 842.6	6 457	190.74	6 266.66
002	管理	杨菲菲	6 000	0	0	300	6 300	1 398.6	4 901	190.74	4 710.66
003	管理	杨贝贝	4 000	200	0	300	4 500	999	3 501	0.03	3 500.97
004	管理	董小华	3 000	0	0	300	3 300	732.6	2 567	0	2 567.4
005	销售	大宝	4 200	0	0	300	4 500	999	3 501	0.03	3 500.97
006	销售	李白	3 000	0	0	300	3 300	732.6	2 567	0	2 567.4
007	销售	曹水亮	3 500	0	0	300	3 800	843.6	2 956	0	2 956.4
008	销售	孙示其	3 000	0	0	300	3 300	732.6	2 567	0	2 567.4
009	行政	伶俐	5 000	0	0	300	5 300	1 176.6	4 123	18.7	4 104.7
010	行政	逍遥	4 500	0	0	300	4 800	1 065.6	3 734	7.03	3 727.37
011	财务	张会计	5 000	0	0	300	5 300	1 176.6	4 123	18.7	4 104.7
012	财务	王马虎	3 500	0	0	300	3 800	843.6	2 956	0	2 956.4
合计			52 700	200	0	3 600	56 500	12 543	43 957	425.97	43 531

2. 从银行提取现金

根据工资计算结果，从银行提取现金准备发放工资。

现在，很多银行都有代发业务，企业财务人员只要把工资计算好，送到银行或者通过网上银行就可以发放工资了，而不用准备现金，这种情况下就不需要这一步了。

3. 发放工资

打印出工资单，如果是现金发放，员工领工资并签收。将自制的工资表和现金支票或者银行转账单据作为原始凭证附在发放工资的记账凭证后面。

4. 进行账务处理

计提工资，也叫分配工资，是将工资按照不同部门分配到不同的成本费用类科目，然后再发放，就是通过“现金”或者“银行存库”科目进行发放工资的会计处理。

首先根据前面工资明细表自制一张工资计提或分配表（表 3-17），对不同部门人员的工资数额进行汇集，作为自制原始凭证。

表3-17　3月工资计提表

2020 年 3 月 31 日

对应科目	部门	应发合计	社保公积金	应交个人所得税	实发工资合计
管理费用	管理	22 400	4 972.8	381.51	17 045.69
	行政	10 100	2 242.2	25.73	7 832.07
	财务	9 100	2 020.2	18.7	7 061.1
小计		41 600	9 235.2	425.94	31 938.86
销售费用	销售	14 900	3 307.8	0.03	11 592.17
小计		14 900	3 307.8	0.03	11 592.17
合计		56 500	12 543	425.97	43 531.03

根据计提表制作计提工资的记账凭证。

借：管理费用——工资　　41 600

　　销售费用——工资　　14 900

　贷：应付职工薪酬——工资　　56 500

工资发放后，依据以下会计分录编制发放工资的记账凭证。

借：应付职工薪酬——工资　　56 500

　贷：银行存款　　56 500

3.9.2　五险一金不能少——社保公积金的计提和支付

我们知道，国家现在要求所有的企业为员工支付五险一金。五险一金的社会保险部分，都由企业和个人共同承担，个人负担的部分直接从工资中扣除，而企业负担的部分直接计入费用。

通常情况下，每个月的月初，社保机构会自动从企业开户银行划走个人和企业合计负担的所有款项，至于个人和企业分别负担多少，一般企业会有专门的社保员计算，但是如果小型企业没有社保员，就要由财务人员负责核算。具体步骤如下。

（1）根据社保公积金的明细单制作一张费用计提表（表 3-18），作为自制的原始凭证。

表3-18　社保公积金费用计提表

部门	自行计算的公司负担部分						合计
	养老	医疗	工伤	生育	失业	住房公积金	
管理部门	8 320	4 160	0	0.08	416	4 992	17 888.08
销售部门	2 980	1 490	0	0.04	149	1 788	6 407.04
合计	11 300	5 650	0	0.12	565	6 780	24 295.12

（2）制作缴纳社保公积金凭证的划款表格（表 3-19），分别列出公司和个人负担的费用及银行实扣金额。

表3-19　缴纳社保公积金凭证的划款表

公司负担部分	来自工资表的个人负担部分	银行实付金额		
		养老及三险	医疗保险	住房公积金
24 295.1	9 235.2	18 554.32	4 992	9 984

作会计分录如下：

借：管理费用——养老保险　　8 320
　　　　　　——医疗保险　　4 160
　　　　　　——生育保险　　0.08
　　　　　　——失业保险　　416
　　　　　　——住房公积金　　4 992
　　销售费用——养老保险　　2 980
　　　　　　——医疗保险　　1 490

——生育保险　　0.04

——失业保险　　149

——住房公积金　　1 788

贷：应付职工薪酬——公司负担五险一金　　24 295.12

（3）银行划款成功后，制作上交社保的记账凭证。

借：应付职工薪酬——公司负担五险一金　　24 295.12

其他应付款——个人负担五险一金　　9 235.2

贷：银行存款——养老及三险　　18 554.32

——医疗保险　　4 992

——住房公积金　　9 984

第4章 商品的进与出——收入、成本核算

张大宝是一所普通高等院校会计学专业本科的应届毕业生，毕业之后，她加入了一家小贸易公司的财务部，希望能够尽量多地了解公司财务的方方面面，迅速成长起来，成为一名有竞争力的专业人才。刚刚入职的大宝被分配给了肖哥，他是这家公司元老级人物，从初创公司就是财务部的一员，现在主要负责商品的收入和成本核算，是整个公司财务体系非常重要的一环。财务总监的意思是让大宝跟着肖哥学习，培养一个接班人，然后肖哥就要晋升啦！

4.1 采购商品备售——存货、应付账款

4.1.1 麻雀虽小，五脏俱全——小规模纳税人采购商品的会计核算

入职的第一天早上就看到肖哥的桌子前已经等着采购部的小马哥和销售部的小杨姐了。小马哥递给大宝一张增值税普通发票要求开张支票赶紧付款给供应商，而小杨姐则是刚刚收到客户开出的转账支票，让财务部开具增值税发票好快递给对方会计人员作为原始凭证用于记账。肖哥首先问小杨姐：“你的发票要快递的话是不是不是那么急？要不你先回去，我想处理小马这个，你的发票我开好了之后让大宝给你送去，保证让你今天下班之前寄出去，放心！”

接下来，肖哥接过小马哥的增值税普通发票，仔细检查了一下，看上面销售方名称、商品名称、数量、单价以及税率都是完整的，就给他开了一张普票。大宝看到发票上填写的商品名称是电脑显示屏，联想了一下自己上学时所学的知识就想表现一下：“肖哥，这笔费用我们是不是作为办公用品计入管理费用啊？”肖哥笑了，告诉大宝，“不是的，我们购买这批显示屏不是自用而是要出售的啊，它们只是暂时被存放在咱们公司的仓库里而已，所以应该使用‘库存商品’科目来核算。”

“原来是这样，”大宝明白了，“那肖哥，我们是小企业也是小规模纳税

人吧，那是不是这张发票计算的增值税额并不能抵扣，我们要把刚才开出的支票的全部金额都计入‘库存商品’啊？”“嗯这次你说对了，看来你的税制学得很好啊。我们小规模纳税人是没有增值税销项或者进项税额的。现在我们要把这笔成本入账，首先要制作入库单。如果是制度规范的大规模公司入库单应该由仓库管理员填写，财务人员审核之后入账，但是咱们是小公司嘛，人手不是那么充足，所以以后就由你来负责这项任务了，每次核算成本时，你都要根据发票填写一份入库单作为原始凭证，信息不完整或不清楚的时候就打电话问采购部的同事。”肖哥说。

大宝接过一本入库单（图 4-1），根据收到的发票填写了名称：液晶显示屏，单位：台，数量：10，单价：3 000，以及相应的日期。肖哥检查之后说：“下面我来填写记账凭证，你在旁边学习一下。这次购买的商品因为我们已经开出发票了，所以直接贷记银行存款。记得摘要要尽量简洁明了地写明业务的实质。”

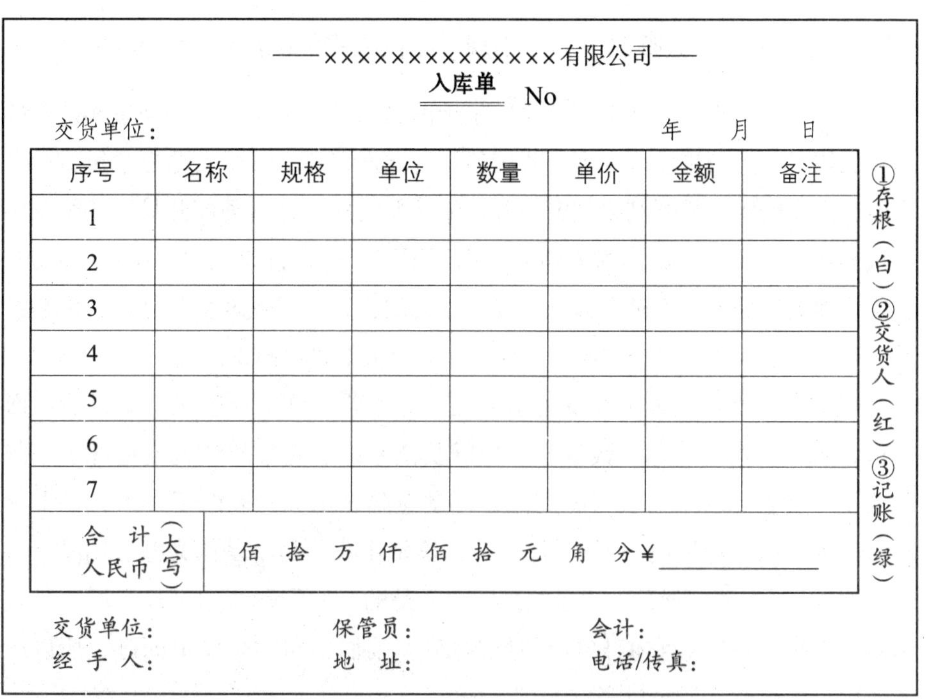

——××××××××××××××有限公司——

入库单 No

交货单位： 年 月 日

序号	名称	规格	单位	数量	单价	金额	备注
1							
2							
3							
4							
5							
6							
7							
合计人民币（大写）	佰 拾 万 仟 佰 拾 元 角 分¥						

①存根（白）②交货人（红）③记账（绿）

交货单位： 保管员： 会计：

经 手 人： 地 址： 电话/传真：

图4-1 三联式入库单

表4-1 小规模纳税人采购商品的记账凭证

记 账 凭 证

2020 年 7 月 9 日第 7 号

摘要	会计科目		借方金额										贷方金额										账页或√
	总账	明细账	千	百	十	万	千	百	十	元	角	分	千	百	十	万	千	百	十	元	角	分	
采购部采购显示屏十台	库存商品	液晶显示屏				3	0	0	0	0	0	0											
采购显示屏	银行存款															3	0	0	0	0	0	0	
合计					¥	3	0	0	0	0	0	0			¥	3	0	0	0	0	0	0	

肖哥填好了记账凭证（表 4-1），“大宝，把你刚才填写的入库单中用于记账的第二联撕下来贴在这个账页的后面，那就是这笔账务的原始凭证了。”

“嗯，我学会了。肖哥，刚才我们收到的发票是增值税普通发票，那如果是专用发票也是一样的账务处理吗？”大宝问道。

4.1.2 规模大的怎么办？——一般纳税人采购商品的会计核算

“首先，你说的这种情况一般是不会发生的，我们作为小规模纳税人不能提供一般纳税人资格证明，我们的供应商一般不会给我们开具专用发票，就算我们收到了专用发票，也只能当作普通发票按价税合计入账，不可抵扣。我再多教你一点，如果我们是一般纳税人，这次采购收到了一张增值税专用发票，那么我们就会有可以抵扣的进项税额，这个金额不需要我们自己计算，商品不含税金额和税额发票上都列示得很清楚。假设同样是付给对方30 000元货款，税率是13%，那么我们购买的显示屏的价值其实是26 548.67元，其余3 451.33元是我们可以抵扣的进项税额，单独计入应交税金及其明细科目（表4-2）。”肖哥解释说。

表4-2　一般纳税人采购商品的记账凭证

记 账 凭 证

2020年7月9日第7号

摘要	会计科目		借方金额										贷方金额										账页或√
	总账	明细账	千	百	十	万	千	百	十	元	角	分	千	百	十	万	千	百	十	元	角	分	
采购部采购显示屏十台	库存商品	液晶显示屏				2	6	5	4	8	6	7											
采购显示屏进项税额	应交税费	应交增值税（进项税额）					3	4	5	1	3	3											
采购显示屏	银行存款															3	0	0	0	0	0	0	
合计					¥	3	0	0	0	0	0	0			¥	3	0	0	0	0	0	0	

会计主管：　　记账：　　审核：　　制单：

4.1.3　没钱先赊购——赊购商品的账务处理

“如果下次采购我们只拿到了发票却还没有付款就叫赊购，赊购也需要入账，只是贷记的科目改为应付账款，这里的会计分录也要区别小规模纳税人和一般纳税人做不同的处理。”肖哥解释说。

小规模纳税人赊购的会计分录如下：

借：库存商品　　30 000

　　贷：应付账款　　30 000

一般纳税人赊购的会计分录如下：

借：库存商品　　26 548.67

　　应交税费——应交增值税（进项税额）　　3 451.33

　　贷：应付账款　　30 000.00

“当然也存在另外一种情形，如果我们订购了大批商品可能需要预付供应商一部分账款，应该计入预付账款科目，不过这种情形下只有当供应商发货了才会开出发票，所以无论是小规模纳税人还是一般纳税人都不需要确认进项税额，不存在会计处理上的区别。”肖哥解释说。

借：预付账款　　30 000

　　贷：银行存款　　30 000

4.1.4　仓库里的东西——存货是什么

“今天学习了好多关于库存商品的分录。可是，肖哥，我们学习过企业的财务报表，我怎么不记得资产负债表里面有这个科目呢？”大宝提出了这个疑问。

“那是因为财务报表中的一些项目都是根据几个会计科目的数值计算出来的，比如货币资金就包括库存现金和银行存款等，而库存商品是被包含在存货里面的。存货是指企业为销售或耗用而储存的各种有形资产，在企业资产总额中通常占有很大的比重，各单位为维持正常的生产经营活动，必然要储存各种必需的存货。存货主要包括商品、产成品、半成品、在产品以及各类材料、燃料、包装物、低值易耗品等。凡是盘存日其法定所有权属于企业的一切物品都应作为企业存货，并且在企业资产负债表的流动资产中进行披露。”肖哥解释说。

4.1.5 理论知识链接

凡在中华人民共和国境内销售货物或者提供加工、修理修配劳务、销售服务、无形资产或者不动产，以及进口货物的单位和个人，为增值税的纳税人。增值税已经成为中国最主要的税种之一，增值税的收入占中国全部税收的 40% 以上，是最大的税种。

1. 一般纳税人和小规模纳税人的划分

增值税纳税人划分为一般纳税人和小规模纳税人。这两类纳税人在税款计算方法、适用税率（征收率）以及管理办法上都有所不同。

一般纳税人和小规模纳税人划分的基本标准是纳税人年应税销售额的大小和会计核算水平；年应税销售额不能达到规定标准但符合资格条件的，也可办理增值税一般纳税人资格登记。

（1）资格登记标准——销售规模的金额标准。

增值税纳税人年应税销售额超过财政部、国家税务总局规定的小规模纳税人标准的，除另有规定者外，应当向其机构所在地主管税务机关办理一般纳税人登记。

自 2018 年 5 月 1 日起，年应税销售额 500 万元（含）以下的为小规模纳税人。

（2）资格条件。

年应税销售额不能达到规定标准但符合资格条件的，也可登记成为增值税一般纳税人。目前规定的资格条件：能够按照国家统一的会计制度规定设置账簿，根据合法、有效凭证核算，能够准确提供税务资料。

除国家税务总局另有规定外，一经登记为一般纳税人后，不得转为小规模纳税人。

2. 发票类别和税额抵扣的区别

（1）一般纳税人。

销售货物或提供应税劳务可以开具增值税专用发票；购进货物或应税劳

务可以作为当期进项税抵扣；计算方法为销项减进项。

（2）小规模纳税人。

只能使用普通发票；购进货物或应税劳务即使取得了增值税专用发票也不能抵扣；计算方法为销售额 × 征收率。

3. 税率与征收率的区别

（1）一般纳税人：基本税率 13%，还有 9%、6% 的税率以及免税项目。

（2）小规模纳税人：适用征收率为 3%。

4.2 销售商品创收入——营业收入、应收账款、预收账款

处理完小马哥的业务就开始给小杨姐开发票了，小杨姐给我们的转账支票是销售部销售的打印机取得的收入，支票票面金额为 20 600 元。

4.2.1 我虽小，潜力大——小规模纳税人销售商品的会计核算

“和刚才计算成本时的会计处理不同，我们在确认收入时，需要计算这次的收入对应需要缴交纳的增值税税额。以前小规模纳税人的征收率分为商业企业和工业企业，分别为 4% 和 6%，但是现在都统一为 3% 了。我们开出的发票金额就已经包含了销售商品的价款以及税金，计算我们应缴纳的增值税税额的方法就是用发票上开具的金额除以（1+3%）。”肖哥道。

对于这张支票应该这样处理：

确认收入 =20 600 ÷（1+3%）=20 000

应缴纳的增值税税额 =20 000×3%=600

“我知道了，肖哥，是不是应该将贷记主营业务收入科目，再将计算出的应缴纳税额计入应交税费科目啊？”大宝问。

“是的，而且小规模企业只需要在‘应交税费’下设置‘应交增值税’一级明细科目，不需要在后者下再设置其他明细科目了。”肖哥道。

大宝尝试着填写了记账凭证（表 4–3）。

表4–3　小规模纳税人销售商品的记账凭证

记 账 凭 证

2020 年 7 月 9 日第 8 号

摘要	会计科目		借方金额										贷方金额										账页或√
	总账	明细账	千	百	十	万	千	百	十	元	角	分	千	百	十	万	千	百	十	元	角	分	
销售部售出打印机五十台	银行存款					2	0	6	0	0	0	0											
销售打印机	主营业务收入															2	0	0	0	0	0	0	
计提应交增值税	应交税费	应交增值税																6	0	0	0	0	
合计					¥	2	0	6	0	0	0	0			¥	2	0	6	0	0	0	0	

4.2.2　商品销售创营收——一般规模纳税人销售商品的会计核算

“采购的时候小规模纳税人和一般纳税人的会计核算有区别，那现在销售商品时是不是也不一样啊？”大宝又问肖哥。

“是的，小规模纳税人的核算相对简单，因为他们开具增值税发票时，专用的税控机都会按照这个企业适用的税率直接列示应该确认的收入和需要缴纳的税额，在记账时直接参照发票计入就可以了。但是一般纳税人的‘应交增值税’科目下就还需要设置‘销项税额’科目，因为它的增值税额是可以进项抵扣的。”肖哥回答。

一般纳税人对这笔业务的会计分录如下（以税率 13% 为例）：

借：银行存款　　　　　　　　　　　　　　20 600.00

　贷：主营业务收入　　　　　　　　　　　　18 230.09

　　应交税费——应交增值税（销项税额）　　　2 369.91

一般纳税人对这笔业务的记账凭证（表 4-4）。

表4-4　一般纳税人销售商品的记账凭证

记 账 凭 证

2020 年 7 月 9 日第 8 号

摘要	会计科目		借方金额										贷方金额										账页或√
	总账	明细账	千	百	十	万	千	百	十	元	角	分	千	百	十	万	千	百	十	元	角	分	
销售部售出打印机五十台	银行存款					2	0	6	0	0	0	0											
销售打印机	主营业务收入															1	8	2	3	0	0	9	
计提应交增值税	应交税费	应交增值税（销项税额）															2	3	6	9	9	1	
合计					¥	2	0	6	0	0	0	0			¥	2	0	6	0	0	0	0	

4.2.3 我的挣钱方式多着呢——小企业的其他业务收入

“肖哥，我看我们销售商品的收入都计到主营业务收入了，那什么样的业务收入会计入其他业务收入啊？这两者有什么区别呢？”大宝又问。

“首先给你解释下主营业务收入，它是我们的日常主营业务所得，比如我们是个贸易公司，那我们销售商品所得就是主营业务收入，而其他业务收入，就是指我们主营业务活动以外的其他日常兼营、附带的生产经营活动实现的收入。包括出租固定资产、出租无形资产、销售材料等实现的收入。我们确认其他业务收入时，一般借记‘银行存款’‘其他应收款’等科目，贷记‘其他业务收入’科目。”肖哥解释说。

大宝自己搜索了相关业务的会计处理，发现对于出售原材料和出租包装物这样的业务需要缴纳增值税，会计分录是这样的：

借：银行存款

　贷：其他业务收入

　　应交税费——应交增值税

肖哥接着让大宝跑一趟销售部去把开好的发票交给小杨姐，“我们公司作为小规模纳税人，一般是开具增值税普通发票的，它只有两联，你把第二联也就是发票联交给小杨，让她赶紧快递给客户，然后让她在第一联叫作记账联的背面左下角签个字，表明她已经领取了我们财务部开具的发票，这是为了避免发票丢失等出现纠纷。然后将第一联拿回来，作为记账的原始凭证。”

“哇，原来开个发票还有这么多说法呢，”大宝感叹道，“肖哥那我们能开增值税专用发票吗？”

肖哥回答：“也是可以的。凡能认真履行纳税义务的小规模纳税人销售货物或应税劳务，需要开具增值税专用发票的，可向国税机关申请代开增值税专用发票。什么时候你跑一趟国税局，就能发现代开发票那里排着很长的队伍都是等待开票的。”

4.2.4 一手交票，不能一手收钱——应收账款

“肖哥，销售部的小宋姐姐也要开发票，”大宝一边往屋里走，一边说，

“不过她没给发票，说是客户那边约定的是先开发票，收到之后再给我们打钱。”

肖哥回答：“嗯，好的，这也是经常会发生的情况，只需要将依据发票金额计算的确认收入先计入‘应收账款’就可以了，它表示企业在销售过程中被购买单位所占用的资金。”

这次需要开具的发票金额是 515 000，来自 100 台大型复印机的销售。根据前面的讲解，这笔金额应当确认的收入 =515 000 ÷（1+3%）=500 000，应当缴纳的税费 =500 000 × 3%=15 000，具体的记账凭证填制方法（表 4–5）。

表4–5　小规模纳税人销售商品但未收到款项的记账凭证

记 账 凭 证

2020 年 7 月 9 日第 9 号

摘要	会计科目		借方金额										贷方金额										账页或√
	总账	明细账	千	百	十	万	千	百	十	元	角	分	千	百	十	万	千	百	十	元	角	分	
销售部售出复印机一百台	应收账款				5	1	5	0	0	0	0	0											
销售复印机	主营业务收入														5	0	0	0	0	0	0	0	
计提应交增值税	应交税费	应交增值税														1	5	0	0	0	0	0	
合计				¥	5	1	5	0	0	0	0	0		¥	5	1	5	0	0	0	0	0	

如果是一般纳税人的话，同上文收到支票的处理一致，应确认的收入＝515 000÷（1+13%）＝455 752.21，相应的增值税销项税额＝455 752.21×13%=59 247.78，自己尝试着写会计分录和填制记账凭证吧！

4.2.5 一手收钱，不能一手开票——预收账款

“肖哥，像这种数量很大、金额很多的商品，我们的客户有没有可能也提前付一部分款项给我们呢？”大宝再问。

“当然也会有啊，这个时候应该计入‘预付账款’科目，它用来核算小企业按照合同规定预收的款项，比如我们的销货款等。一般预收的款项，借记‘银行存款’，贷记本科目，等到收到全款收入时，借记本科目，贷记‘主营业务收入’和增值税。”肖哥解释说。

具体会计分录如下：

借：银行存款

　贷：预收账款

借：预收账款

　　银行存款（尾款）

　贷：主营业务收入

　　　应交税费——应交增值税

4.3 买卖差价如何处理——主营业务成本、其他业务成本

一大早，销售部的大林就交过来一张支票，大宝一看发现正是上周采购小马哥的那 10 台液晶显示屏的收入，共 61 800 元，说：“哇，肖哥，这就算我们的利润了是吧，采购花了 30 000 元，现在卖出了 61 800 元，净赚 31 800 元啊！”

“呵呵，怎么会这么容易就赚这么多。那只能算是我们的毛利，还要减去分摊在它身上的各种费用才是最后的净利润啊。昨天我们的销售业务都记在了‘主营业务收入’科目，最初采购进来的时候这批液晶屏我们计入了‘库存商品’。现在来考考你，我们应该做怎样的会计处理才能核算出两者之间的差价并将其计入利润呢？”肖哥提问说。

“嗯，有了收入想要核算利润，那就应该是成本科目了吧，我觉得我们现在应该将库存商品科目的金额转到成本中，肖哥，我说得对吗？”大宝问。

“太对了，大宝，你最近进步很快啊！我们接下来要做的就是结转主营业务成本，它是主营业务收入的对应科目。当初商品入库时，我们制作了入库单，现在还要再制作商品出库单附在记账凭证后面，同时月末的时候我们还会自制一张成本结转计算单，来核算当月结转的成本额。”肖哥解释说。

假设这个月只有上文出现过的三笔销售，则成本结转结算单（表 4-6）。

表4-6 2020年7月销售商品成本结转计算单

商品名称	数量	单价	合计
液晶显示屏	10	3 000	30 000
打印机	50	250	12 500
复印机	100	1 750	175 000
合计			217 500

结转成本的记账凭证（表 4-7）。

表4-7 本月销售商品结转主营业务成本的记账凭证

记 账 凭 证

2020 年 7 月 16 日第 19 号

<table>
<tr><th rowspan="2">摘要</th><th colspan="2">会计科目</th><th colspan="10">借方金额</th><th colspan="10">贷方金额</th><th rowspan="2">账页或√</th></tr>
<tr><th>总账</th><th>明细账</th><th>千</th><th>百</th><th>十</th><th>万</th><th>千</th><th>百</th><th>十</th><th>元</th><th>角</th><th>分</th><th>千</th><th>百</th><th>十</th><th>万</th><th>千</th><th>百</th><th>十</th><th>元</th><th>角</th><th>分</th></tr>
<tr><td>结转销售成本</td><td>主营业务成本</td><td></td><td></td><td></td><td>2</td><td>1</td><td>7</td><td>5</td><td>0</td><td>0</td><td>0</td><td>0</td><td></td><td></td><td></td><td></td><td></td><td></td><td></td><td></td><td></td><td></td><td></td></tr>
</table>

续表

摘要	会计科目		借方金额										贷方金额										账页或√
	总账	明细账	千	百	十	万	千	百	十	元	角	分	千	百	十	万	千	百	十	元	角	分	
结转销售成本	库存商品	液晶显示屏														3	0	0	0	0	0	0	
结转销售成本	银行存款	打印机														1	2	5	0	0	0	0	
结转销售成本	库存商品	复印机													1	7	5	0	0	0	0	0	
合计				¥	2	1	7	5	0	0	0	0		¥	2	1	7	5	0	0	0	0	

“可是，肖哥，我们这几笔业务恰好是买多少卖多少的情形，但是实务中这种情况是不是并不多啊，可能我们这次采购的并没能一次卖出，而是在接下来的第二次或者第三次销售中才全部卖光，这样我怎么知道应该核算哪次采购的成本呢？”大宝问道。

“这是一个很复杂的问题，你说的这种情况在大型的生产类及商业企业中是经常发生的，但是对于我们这样的小型贸易公司来说，大多数时间都是我们知道要销售什么类型和数量的商品时才会去采购。对于那些收发频繁的大型公司来说，就会涉及这类存货计价的方法选择问题了。根据我国的会计准则，可以选择个别计价法、先进先出法、加权平均法、移动加权平均法、零售价法等。”肖哥解释说。

4.3.1 有收入，就要有支出——其他业务成本

“肖哥，有其他业务收入是不是也有其他业务成本啊？”大宝问。

“嗯，其实在 2013 年开始实行的《小企业会计准则》中它才改名叫‘其

他业务成本’的，之前一直被称为‘其他业务支出’。而且原来与‘其他业务收入’相关的税金及附加也计入‘其他业务支出’科目，现在都统一计入‘税金及附加’科目了。它用来核算小企业确认的除主营业务活动以外的其他日常生产经营活动所发生的支出，包括销售材料的成本、出租固定资产的折旧费和出租无形资产的摊销额等。”肖哥解释说。

相应的会计分录如下：

借：其他业务成本

　贷：原材料

　　　累计折旧

　　　累计摊销

4.3.2　理论链接

发出存货的实际成本认定对于企业的最终利润的核算存在着重要的影响。

1. 存货的概念

存货是指企业为销售或耗用而储存的各种有形资产。存货是一项非常重要的流动资产，它在企业资产总额中通常占有很大的比重，而存货的流动也是企业收入特别是现金收入的主要来源。各单位为维持正常的生产经营活动，必然要储存各种必需的存货。

2. 存货的分类

依据企业的性质、经营范围并结合存货的用途，存货可以分为以下三种类别。

（1）商品存货。

商品存货指企业购进备供转售的货品物资。其特征是在转售之前，这些商品物资的原有实物形态一般保持不变。这类存货主要指在商品流通企业所购销的商品。

（2）制造业存货。

制造业存货指企业购进后直接用于生产制造，并构成产品实体的商品物资。其特点是在出售前，这些存货需经过企业生产制造过程，改变其原有的实物形态或改变其原有的使用功能。该类存货主要发生在工业企业之中，具体又包括以下几类：材料、在产品、半成品、产成品。

（3）其他存货。

其他存货指企业购进后为近期的生产经营活动所耗用的物料和服务行业未完工的修理物品。其主要特点是为满足企业的各种消耗性需要，而不是为了将其直接转售或加工制成产品后再出售。按照其在企业生产经营中所起的作用不同，又可将其他存货分为包装物和低值易耗品等类别。未完工的修理物品在计入企业的存货时，仅能确认加工修理的价值，来料价值必须扣除。

3. 存货发出的计价方法

（1）个别计价法。

个别计价法，又称具体辨认法、分批实际法、分批认定法、个别识别法。其特征是注重所发出存货的具体项目实物流动与成本流动之间的联系，按各种存货逐一辨认各批发出存货和期末库存存货所属的购进批别或生产批别，分别按其购入或生产时所确定的单位成本作为计算各批发出存货和期末库存存货的实际成本的方法，也就是把每一种存货的原始实际成本作为计算发出存货成本和期末存货成本的基础。

一般情况下，个别计价法只适合于贵重的商品，因为其单价高、数量少、易于辨认进货的不同批次。

（2）先进先出法。

先进先出法是依据先购入的存货应先发出（销售或耗用）这样一种存货实物流动假设来对发出存货进行计量。而存货的成本流动也建立在相同假设的基础上。先购入的存货，其价值也在后购入存货价值之前转出，据此来对发出存货和期末存货进行计价。

（3）加权平均法。

加权平均法是平均计算单位存货成本的一种方法。其特点是在计算存货平均单位成本时，用各批收货数量和期初存货数量去除本期收货成本和期初库存成本之和，来计算存货的加权平均单位成本，从而确定存货的发出和库存成本。

计算公式：

存货单位成本=（期初库存存货成本+本期收入存货成本）÷（期初库存存货数量+本期收入存货数量）

本期销售存货成本=本期已销售存货数量×存货单位成本

本期期末库存存货成本=期末库存存货数量×存货单位成本=

本期可供销售商品的总成本-已销商品销售成本

（4）移动加权平均法。

加权平均法在定期盘存制下可于月末应用，这样确定的加权平均单位成本是全月的平均成本。而在采用永续盘存制时，由于对每次存货的增加都需计算一个加权平均单价，因而，平均单价的确定是在月中进行的，并随着每次存货数量的增加而变动，因而，永续盘存下加权平均法的应用实际上又称为“移动加权平均法”。移动加权平均法的特征是在每次收入存货以后，都立即采用加权平均法为库存存货计算新的加权平均单位成本，作为在下次收入存货前计算各次发出存货单位成本的依据。

（5）零售价法。

零售价法又称零售价盘存法，其特征是先以现行零售价格计算出存货价值，然后再按本期成本与售价比率换算成为存货成本。使用零售价法时，必须在账簿资料上保持如下的记录：

①期初存货应同时按售价和成本价记录。

②本期购货也同时按成本和售价记录。

③销售的存货只按售价记录。

零售价法应用售价与成本的比例来估算存货价值，特别适合于经营商品品种繁多、应用售价进行管理的商业零售企业以及商品进销差价接近的零售企业，若按此法计量存货的成本，结果更为准确。

4.4　正常经营外的收与支——营业外收支

4.4.1　挣钱方式，多多益善——营业外收入的核算

“肖哥！”一大早采购部的小马哥就冲进了财务部的大门，“特大消息！”“什么好消息啊，你这么激动，快过来慢慢说。”肖哥道。

“上次我出差的时候不是在 × 省的一个小家电制造商处买了一批咖啡壶嘛，到规定的付款期限那天咱们公司恰好现金流不太周转得开，您让我和人

家联系一下稍微宽限几天，您看您还记得不？结果前两天我打电话联系那边想把支票寄过去，居然没人接听，然后昨天小梅姐恰好也去 × 省，我就让她顺路去看一下，居然关门倒闭了。她打听了一下，说是经营不善开不下去了，人也不知道都去哪里了。肖哥您看这可怎么办啊？”小马哥问。

“这样啊，小马，你看看你那里还有没有当初留的别的相关人员的联系方式，实在找不到人了再拿着当时的采购单等资料过来找我。”肖哥道。“好的。”说着，小马哥就走了。

“哇，肖哥，要是真的找不到销售商了，这不就是一笔‘意外之财’了吗？”大宝高兴地问。

“你这孩子，”肖哥无奈地笑了，“不过性质确实类似，如果这笔应付账款最终因为供应商，也就是债权人，下落不明而无法支付，等我报上级批准之后就应该计入‘营业外收入’科目，它用来核算与企业生产经营活动没有直接关系的各种收入。营业外收入并不是由企业经营资金耗费所产生的，不需要企业付出代价，实际上是一种纯收入，不可能也不需要与有关费用进行配比。”

比如这笔 7 700 元的商品款，应该记如下的会计分录和记账凭证（表 4-8）。

借：应付账款　　　　7 700

　贷：营业外收入——其他　　　　7 700

表4-8　因债权人下落不明而确认营业外收入的记账凭证

记 账 凭 证

2020 年 7 月 22 日第 19 号

摘要	会计科目		借方金额										贷方金额										账页或√
	总账	明细账	千	百	十	万	千	百	十	元	角	分	千	百	十	万	千	百	十	元	角	分	
债权人下落不明无法支付	应付账款						7	7	0	0	0	0											

续表

摘要	会计科目		借方金额										贷方金额										账页或√
	总账	明细账	千	百	十	万	千	百	十	元	角	分	千	百	十	万	千	百	十	元	角	分	
债权人下落不明无法支付	营业外支出	其他															7	7	0	0	0	0	
合计						¥	7	7	0	0	0	0				¥	7	7	0	0	0	0	

“那肖哥，还有什么经济业务会计入到‘营业外收入’这个科目里啊？”大宝问。

“非常多，特别是新的小企业会计准则出台之后，这个科目的内容获得了极大的扩充，现在的内容包括原本的固定资产盘盈、处置固定资产净收益、出售无形资产净收益和罚款净收入等，同时，将原来计入资本公积的政府补助、捐赠收入和这次确实无法支付的应付账款，计入财务费用的汇兑损益，已经作坏账损失处理又收回的应收账款等都记入‘营业外收入’这个科目了。”肖哥解释说。

4.4.2 有收有支才平衡——营业外支出的核算

“肖哥，我知道肯定还有叫作‘营业外支出’的科目，对吧！”大宝道。

“是的，类似于营业外收入，营业外支出核算的是企业发生的与日常生产经营活动无直接关系的各项支出，在新的小企业会计准则中也对它作出了调整，以便更符合咱们的实际情况。主要包括各种行政罚款，比如税务登记超出规定期限，未按期缴纳税费被罚滞纳金，还有其他类型的罚款，比如未能遵守银行贷款条款的罚款，未能及时支付货款交给供应商的罚款。这两种罚款都记入‘营业外支出’科目，只是前者是不能在所得税前扣除的。”肖哥解释说。

“嗯，这个还挺好理解的，因为是违反了国家的相关规定嘛。”大宝道。

“除此之外，还有比较大的就是企业的捐赠和赞助支出，这是新准则才规范的，原来计入管理费用的坏账损失也改为记入‘营业外支出’这个科目了。当然，也包括非流动资产处置损失、非货币性资产交换损失、债务重组损失、公益性捐赠支出、非常损失、盘亏损失等。”肖哥解释说。

第5章 资金的进与出——往来、筹资和投资核算

最近公司进入了采购和销售的旺季，急需资金周转，好多客户的款项还没有收回来，销售部的员工要出差借差旅费，月底还要发工资，这可怎么办？

5.1 公司遇“钱荒”，老板来救急

5.1.1 没钱就要借，有借就有还——其他应付款的核算

公司出现“钱荒”，王马虎急得团团转，康会计安慰她说：“别着急，救兵就要来了。”

康会计的话音刚落，孙老板走进了财务部，放在康会计桌上一摞人民币，王马虎兴奋地说：“康会计你真神了，你怎么知道老板今天会来给我们送钱？”

孙老板笑着说：“姜还是老的辣，康会计估计到最近公司急需钱周转，早就告诉我准备钱了，你还要好好跟着康会计学习啊。”

康会计给孙老板写了一张收条，写明临时向个人借款。

孙老板刚走，王马虎凑上来，“康会计，你干嘛还写收条啊，上次老板投资开公司，你不是直接计入实收资本了吗，这次我们不这么做账吗？”

“当然不是了，上次是老板出资开公司，这次是老板临时借给公司钱，等到公司资金周转开了就马上还给老板的，这笔钱只能作为往来款项，计入其他应付款进行核算。”康会计解释说。

在借钱时：

借：银行存款　　50 000

　贷：其他应付款——孙老板　　50 000

等到将来公司还钱时：

借：其他应付款——孙老板　　　　　　　　50 000

　贷：银行存款　　　　　　　　　　　　　50 000

借钱时所做的记账凭证（表 5-1）。

表5-1　向孙老板借款记账凭证

记 账 凭 证

2020 年 3 月 2 日第 1 号

摘要	会计科目		借方金额										贷方金额										账页或√
	总账	明细账	千	百	十	万	千	百	十	元	角	分	千	百	十	万	千	百	十	元	角	分	
向孙老板借款	库存现金					5	0	0	0	0	0	0											
向孙老板借款	其他应付款	孙老板														5	0	0	0	0	0	0	
合计					¥	5	0	0	0	0	0	0			¥	5	0	0	0	0	0	0	

会计主管：　　　　记账：　　　　审核：　　　　制单：

5.1.2　天降横财，老板不要钱了——营业外收入

“康会计，老板那么有钱，还在乎这点钱吗，如果到时候老板不用公司还钱了，我们把这个钱放哪里啊？”王马虎又在异想天开。

“老板不要了，就归公司呗，以前的会计制度会要求增加资本公积，但是新的会计准则实施后，就不再这样做账了，我们直接把应付的钱转到‘营业外收入’核算。”康会计道。

会计分录是：

借：其他应付款——孙老板　　　　　　　　50 000

　贷：营业外收入　　　　　　　　　　　　50 000

相应的记账凭证（表5-2）。

表5-2 不再支付孙老板借款记账凭证

记 账 凭 证

2020年12月31日第1号

摘要	会计科目		借方金额										贷方金额										账页或√
	总账	明细账	千	百	十	万	千	百	十	元	角	分	千	百	十	万	千	百	十	元	角	分	
不再支付孙老板借款	其他应付款	孙老板				5	0	0	0	0	0	0											
不再支付孙老板借款	营业外收入															5	0	0	0	0	0	0	
合计					¥	5	0	0	0	0	0	0			¥	5	0	0	0	0	0	0	

会计主管： 记账： 审核： 制单：

5.1.3 理论知识链接

其他应付款是指与企业购销业务没有直接关系的应付款项、暂收其他单位或个人的款项，如应付租入固定资产和包装物的租金、存入保证金、应付及暂收其他单位的款项、应付退休职工的统筹退休金等。核算时应设置“其他应付款”科目，贷方登记各种应付款项的暂收、应付情况；借方登记各应付款项的偿还或转销；期末贷方余额表示应付未付的款项。

5.2 如何处理员工借款——其他应收款

老板的钱解了燃眉之急，王马虎赶紧打电话给销售部的小林来取差旅费。

5.2.1 员工借款——其他应收款的核算

员工借款，首先要写一个借款单（图 5-1），并找相关权限的审批人签字批准，一般在小企业中，必须经过老板的首肯。

借 款 单

document for debiting

资金性质__________ 年 月 日
paypeat ter m depurtmeat Y M D

借款单位： Debit		
借款理由： Raston		
借款数额：人民币（大写） amoent: RMB （eapitnl）		
本单位负责人意见 lime mronnayer	借款人（签章） borrosrer	
机关首长批示： Meouger confirm	会计主管人员被批： cbief finscinl efhoer venify	付款记录： payrocat mote 年 月 日以第 号 支票或现金支出凭单付给 chock or casb payeat toc

图5-1 借款单

但是对于员工借款应该如何处理，王马虎犯了愁，于是她灵机一动，“之前付房租时提前支付叫‘预付账款’，这个差旅费也是提前支付，是不是一样处理呢？”

“不是。”康会计毫不客气地否定了她的想法。“‘预付账款’是企业按照购货合同或劳务合同的规定，预先支付给供应单位或提供劳务方的款项。像这种员工临时借款，应该在‘其他应收款’里核算（表 5-3）。”

表5-3　预借差旅费记账凭证

记 账 凭 证

2020 年 3 月 8 日第 1 号

摘要	会计科目		借方金额										贷方金额										账页或√
	总账	明细账	千	百	十	万	千	百	十	元	角	分	千	百	十	万	千	百	十	元	角	分	
销售部小林预借差旅费	其他应收款	小林					1	0	0	0	0	0											
销售部小林预借差旅费	库存现金																1	0	0	0	0	0	
合计						¥	1	0	0	0	0	0				¥	1	0	0	0	0	0	

会计主管：　　　　记账：　　　　审核：　　　　制单：

5.2.2　出差回来如何报销——其他应收款的处理

几天以后，小林出差回来了，带着出差花费的单据，包括车票、住宿费等，来到财务部报销。这个费用报销王马虎很熟悉了，之前她已经帮小李的助理董小花报销过一次，大家还记得吗？

首先需要小林填写一张报销单，这个我们在第 3 章已经讲过。不同的是，小林这次出差预借了 1 000 元的差旅费，但是她一共花费了 1 200 元（表 5-4），所以财务部还需补贴她 200 元。我们来看看这个业务如何进行记账吧。

表5-4　报销差旅费记账凭证

记 账 凭 证

2020 年 3 月 1 日第 1 号

摘要	会计科目		借方金额										贷方金额										账页或√
	总账	明细账	千	百	十	万	千	百	十	元	角	分	千	百	十	万	千	百	十	元	角	分	
销售部小林预报销旅费	销售费用	小林					1	2	0	0	0	0											
销售部小林报销差旅费	其他应收款																1	0	0	0	0	0	
销售部小林报销差旅费	库存现金																	2	0	0	0	0	
合计						¥	1	2	0	0	0	0				¥	1	2	0	0	0	0	

会计主管：　　　记账：　　　审核：　　　制单：

5.2.3　理论知识链接

其他应收款企业除了应收票据、应收账款、预付账款等以外的其他各种应收、暂付款项，包括不设置“备用金”科目的企业拨出的备用金、应收的各种赔款、罚款，应向职工收取的各种垫付款项，以及已不符合预付账款性质而按规定转入的预付账款等。其他应收、暂付款主要包括：

（1）应收的各种赔款、罚款。

（2）应收出租包装物租金。

（3）应向职工收取的各种垫付款项。

（4）备用金（向企业各职能科室、车间等拨出的备用金）。

（5）存出保证金，如租入包装物支付的押金。

（6）预付账款转入。

（7）其他各种应收、暂付款项。

但是，企业拨出用于投资、购买物资的各种款项，不得在“其他应收款”科目核算。

5.2.4　借钱不还了可咋整？——坏账的处理

报销完差旅费，王马虎又开始合计了，“康会计，之前老板借给咱的钱有可能不要了，咱计到‘营业外收入’里了，如果别人借了我们的钱不还可怎么办啊？”

康会计说：“这也是有可能的，我们把‘应收账款’和‘其他应收款’统一叫作‘应收款项’。这些款项是有可能收不回来的，我们要计提坏账准备，如果确实收不回来了，我们还得确认坏账损失。”

下面我们一起和王马虎学习一下坏账的处理过程。

现行会计制度规定，企业只能采用备抵法进行坏账准备的核算，并选用余额百分比法、销货百分比法、账龄分析法等估计坏账损失。但无论选用哪种方法，都必须根据企业以往的经验和实际情况合理确定坏账损失。计提方法和计提比例由企业自行确定。

备抵法下的坏账损失核算分为两个方面：一是按期计提坏账准备金；二是发生坏账损失时用坏账准备金抵补坏账损失。

1. 计提坏账准备

（1）余额百分比法。

应收账款余额百分比法就是指按照全部应收账款余额的一定百分比计提坏账准备的方法。它是账龄分析法的一种特殊形式，比账龄分析法操作起来简单、快捷，但由于是以一个综合百分比计算坏账准备金额，因此必须合理确定计提比例，目前企业一般均按 3% ～ 5% 的比例计提坏账准备。

（2）账龄分析法。

账龄分析法是根据各项应收账款账龄的长短来估计坏账的方法。由于应收账款拖欠期越长，发生坏账的概率越大，因此，将全部应收账款按账龄分成若干组别，分别估计各组发生坏账的概率，然后用这些概率估计全部应收账款的预计坏账总金额，进而求得应计提坏账准备金。

坏账准备可按以下公式计算：

当期应提取的坏账准备 = 当期按应收款项估计应提取坏账准备金额 –“坏账准备”的贷方余额

当期按应收款项计算应提坏账准备金额大于本科目的贷方余额，应按其差额提取坏账准备；如果当期按应收款项计算应提坏账准备金额小于“坏账准备”的贷方余额，应按其差额冲减已计提的坏账准备；如果当期按应收款项计算应提账准备金额为零，应将“坏账准备”的余额全部冲回。

企业提取坏账准备时，借记“管理费用——计提的坏账准备”，贷记“坏账准备”。本期应提取的坏账准备大于其账面余额的，应按其差额提取；应提数小于账面余额的差额，借记“坏账准备”，贷记“管理费用——计提的坏账准备”。

2. 确认坏账损失

企业对于确实无法收回的应收款项，经批准作为坏账损失，冲销提取的坏账准备，借记“坏账准备”，贷记“应收账款”“其他应收款”等。

已确认并转销的坏账损失，如果以后又收回，按实际收回的金额，借记“应收账款”“其他应收款”等，贷记“坏账准备”；同时，借记“银行存款”，贷记“应收账款”“其他应收款”等。

王马虎听康会计讲完，一头雾水，怎么也记不住，康会计说：“来，我给你举一个例子，你看完就懂了。我们就拿 Q 公司为例详细说明备抵法下的会计核算过程。我们采用余额百分比法来计提坏账准备。”

Q 公司按年末收账款余额的 5% 计提坏账准备金。2017 年、2018 年和 2019 年年末应收账款余额分别为 800 000 元、600 000 元和 700 000 元。2017 年年末“坏账准备”账户无余额，2018 年确认的坏账损失为 30 000 元，2019 年确认的坏账损失为 70 000 元。企业各年坏账准备金计提和冲销过程如下：

① 2017 年年末按应收账款余额 800 000 元计提坏账准备金，计算及所编会计分录为：

2017年年末应计提坏账准备金=800 000 × 5%=40000（元）

借：管理费用　　40 000

　贷：坏账准备　　40 000

② 2018 年发生坏账损失为 30 000 元，所编会计分录为：

借：坏账准备　　　　30 000

　贷：应收账款　　　　30 000

③ 2018 年年末计提前“坏账准备”账户贷方余额 10 000 元，按应收账款余额 600 000 元计提坏账准备金，计提坏账准备金计算及所编会计分录为：

2018 年末实际应提坏账准备金 =600 000 × 5%−10 000= 20 000（元）

借：管理费用　　　　20 000

　贷：坏账准备　　　　20 000

④ 2019 年发生坏账损失为 70 000 元，所编会计分录为：

借：坏账准备　　　　70 000

　贷：应收账款　　　　70 000

⑤如果 2018 年已核销的 30 000 元坏账 2019 年又收回。确定收回时，所编会计分录为：

借：应收账款　　　　30 000

　贷：坏账准备　　　　30 000

实际收回时，所编会计分录为：

借：银行存款　　　　30 000

　贷：应收账款　　　　30 000

⑥ 2019 年年末计提前“坏账准备”借方余额 10 000 元，按应收账款余额 700 000 元计提坏账准备金，计算及所编制会计分录为：

2019 年年末实际应提坏账准备金：700 000 × 5%+10 000= 45 000（元）

借：管理费用　　　　45 000

　贷：坏账准备　　　　45 000

5.2.5　理论知识链接

如果发生了下列客观证据，则表明应收款项可能收不回来，需要按一定的方法和比例计提坏账准备：

（1）对方单位发生了严重的财务困难。

（2）对方单位违反了合同条款，如已逾期仍未归还。

（3）对方单位很可能倒闭或者进行其他财务重组。

（4）逾期 3 年仍未归还的应收款项。

5.3 银行贷款，融资有道——短期借款、长期借款、借款利息等

老板垫支的钱只能解决眼前的难题，如果短期内没有大笔的款项入账，公司就没有钱花了，这可怎么办？

“很多中小企业都会在经营过程中遇到资金暂时性短缺的情况，这就需要我们从银行贷款了，”康会计对王马虎说，“但是从银行贷款也不是容易的事情，需要抵押或者担保，我去问问孙老板这件事该怎么处理。”

5.3.1 没钱赶紧借点钱——短期贷款的处理

孙老板与银行进行协商后，决定以自己的房产作为抵押，从工商银行贷到了一笔金额为 10 万元的款项，贷款期限是一年，虽然是优惠贷款利率，但还是高达 6%。

康会计根据银行到账通知做了记账凭证（表 5-5）。

表5-5　银行贷款记账凭证

记 账 凭 证

2020 年 3 月 31 日第 31 号

摘要	会计科目		借方金额										贷方金额										账页或√
	总账	明细账	千	百	十	万	千	百	十	元	角	分	千	百	十	万	千	百	十	元	角	分	
从银行贷款（一年期）	银行存款				1	0	0	0	0	0	0	0											
从银行贷款（一年期）	短期借款														1	0	0	0	0	0	0	0	
合计				¥	1	0	0	0	0	0	0	0		¥	1	0	0	0	0	0	0	0	

会计主管：　　　记账：　　　审核：　　　制单：

王马虎看到这个凭证，又有疑问了："老板借给我们的钱我们放在'其他应付款'里核算了，为什么这个钱放在了'短期借款'里？"

康会计解释说："这是不一样的，从银行这种经国家批准的金融机构或非金融机构借款要用'短期借款'和'长期借款'两个科目来核算，贷款期限不超过一年的就算短期，超过一年的算长期。上次我不是也解释了，'其他应付款'主要核算暂收其他单位和个人的款项。"

5.3.2　借大钱买设备——长期借款的处理

王马虎最近很好学，她又提出疑问："康会计，短期和长期除了期限长短不一样，还有什么区别呀？"

康会计对她的问题每次也是有问必答，"一是这两种借款的目的是不同的：短期借款一般是为维持正常生产经营所需的资金而借入的或者为抵偿某项债务而借入的款项；长期借款一般是用来构建固定资产。二是对于利息费用的核算是不一样的，短期借款的利息费用直接计入财务费用，但是长期的就要根据款项的使用情况或者像短期借款那样直接计入财务费用，还有可能进行资本化处理，计入资本成本。所以长期借款核算一般比较复杂，在小企业几乎不会发生。"

5.3.3　价款当然要付利息——借款利息的核算

王马虎很机灵地说："哦，我知道了，利息费用是放在'财务费用'核算。但是我们是按月计提还是按季度计提？"

康会计说："银行贷款利息一般是按季度支付，所以在每个季度的最后一个月，由银行按合同规定的利率自动划转。对于小企业来说，短期借款的利率支出有两种处理方式。"

以下就是两种利息核算方法。

（1）在季度末直接确认利息支出。

这种方法相对来说简单准确，银行划走多少就记账多少，比如，我们单位这次的借款在二季度的第一个月即 4 月，银行在 6 月从公司账户上划走 100 000 × 6% ÷ 4=1 500 元。这样公司就只需要在 6 月制作一张记账凭证

（表 5-6），后面附上银行划款通知作为原始凭证。

表5-6　支付银行利息记账凭证

记 账 凭 证

2020 年 6 月 31 日第 31 号

摘要	会计科目		借方金额										贷方金额										账页或√
	总账	明细账	千	百	十	万	千	百	十	元	角	分	千	百	十	万	千	百	十	元	角	分	
支付二季度贷款利息	财务费用	利息支出					1	5	0	0	0	0											
支付二季度贷款利息	银行存款																1	5	0	0	0	0	
合计						¥	1	5	0	0	0	0				¥	1	5	0	0	0	0	

会计主管：　　　　　记账：　　　　　审核：　　　　　制单：

（2）先预提利息，在季度末再结算。

对于这种方法，企业财务人员需要先按合同上的贷款额和利率自己计算每个月的利息费用，然后在季度末实际支付时再进行调整。

比如我们单位的这笔贷款，4、5、6 月分别计算利息费用为 100 000 × 6% ÷ 12=500 元，后边应该附上自制的利息计算单作为原始凭证。

作会计分录如下：

借：财务费用　　　　　500

　贷：应付利息　　　　　500

季度末支付利息时，做会计分录如下：

借：应付利息　　　　1 500

　贷：银行存款　　　　1 500

第二种方法虽然麻烦，但是更符合会计制度的规定，对于核算要求高的企业，应该采用这种方法。

5.4　购买股票，投资有招——短期投资、长期投资等

最近公司的业绩发展良好，客户的货款基本都已收回，公司的闲置资金开始增多，小李虽然没钱，但是投资挺在行，就向孙老板建议公司搞点股票投资，不仅可以减少资金闲置，回报率还比银行利息高，孙老板爽快地答应了。于是，这两天，康会计一直跟着小李在外面办这个事情，他们先去证券营业部开了个户，又在银行办妥了相关手续。

5.4.1　短期买卖股票——短期投资的核算

到了月底，小李拿给财务部一份股票交易明细，为了方便处理，康会计又要来了一份电子版的资料。看到这些东西，王马虎头都大了，康会计一看就知道她发愁了，说："别发愁了，这次我一步一步教你做，你慢慢学习。"

1. 向证券账户划拨资金

买卖股票的钱必须先从银行账户里划转到事先开好的证券资金账户里，这时需要设置"其他货币资金——存出投资款"科目，用来核算企业存入证券公司但是还没有买股票的钱。

企业向证券公司划出资金，应该按实际划出的金额，进行财务处理。

借：其他货币资金——存出投资款

　贷：银行存款

2. 购买和持有期间的核算

大多数公司在二级市场上购买股票都是为了赚取股价上升后的差价，持有期会比较短，所以这类投资被划分为交易性金融资产。

比如，公司 3 月 25 日购入某公司股票 10 000 股，每股 8 块钱，另外支付了税金和手续费 800 元，这样一共支付了 80 800 块钱。这项投资的会计分

录如下：

借：交易性金融资产——成本　　80 000

　贷：其他货币资金——存出投资款　　80 000

借：投资收益　　800

　贷：其他货币资金　　800

在持有期间如果公司进行了股利分配或者债券公司发放了利息，那么公司应该确认投资收益：

借：其他货币资金

　贷：投资收益（收到的股利或利息）

如果到了期末，公司还未出售股票，按照企业会计准则的规定，需要根据股票的市价和成本的差额对投资进行调整。具体的做法是：

当市价高于成本时：

借：交易性金融资产——公允价值变动

　贷：公允价值变动损益

当市价低于成本时：

借：公允价值变动损益

　贷：交易性金融资产——公允价值变动

例如上例中，如果期末股票价格变为每股 7.5 元，那么应该确认公允价值变动损益 5 000 元。

借：公允价值变动损益　　5 000

　贷：交易性金融资产——公允价值变动　　5 000

3. 出售股票时的会计处理

在出售时确认的损益 = 出售时获得的价款 - 购买时所支出的股票价款（不包含税金、手续费等相关费用）

在确认投资损益时要将持有期间确认的公允价值变动损益转入投资损益。

承接上例中，如果公司按每股 8.5 元将股票出售，那么出售时确认的损益 =10 000 ×（8.5−8）=5 000。

作会计分录如下：

借：其他货币资金——存出投资款　　85 000

交易性金融资产——公允价值变动损益　　5 000

贷：交易性金融资产——成本　　80 000

投资收益　　10 000

将公允价值变动损益转入投资收益：

借：投资收益　　5 000

贷：公允价值变动损益　　5 000

4. 将投资款划转回银行账户

如果企业将证券账户里的钱划转回银行账户，则需要根据以下会计分录填制相应的记账凭证：

借：银行存款

贷：其他货币资金——存出投资款

5.4.2　理论知识链接

2017 年，财政部颁布了新修订的《金融工具确认与计量》准则。

金融资产和金融负债的分类是确认和计量的基础。企业应当根据其管理金融资产的业务模式和金融资产的合同现金流量特征，对金融资产进行合理的分类。金融资产一般划分为以下三类：

（1）以摊余成本计量的金融资产。

（2）以公允价值计量且其变动计入其他综合收益的金融资产。

（3）以公允价值计量且其变动计入当期损益的金融资产。

同时，企业应当结合自身业务特点和风险管理要求，对金融负债进行合理的分类。对金融资产和金融负债的分类一经确定，不得随意变更。

小企业的投资股票一般都属于交易性金融资产，其他类别的金融资产涉及较少，具体的可参考其他高一级别的会计书籍。

5.4.3　买股票长期持有——长期投资

学习完短期投资，王马虎很有成就感，接着就开始问了："康会计，投资有短期，就会有长期吧？"

"当然有了，长期投资按性质分为长期股权投资和长期债权投资。长期投资的持有时间在一年以上，并且不能或不准备随时变现。长期投资一般核算比较复杂，一般小公司不会涉及，你可以自己看书学习一下。”康会计对王马虎解释说。

那我们就科普一下长期投资比较简单的内容。

1. 长期股权投资

长期股权投资是指通过投资取得被投资单位的股份。企业对其他单位的股权投资，通常视为长期持有，以及通过股权投资达到控制被投资单位，或对被投资单位产生重大影响，或为了与被投资单位建立密切关系，以分散经营风险。

它的核算方法有两种：一是成本法；二是权益法。

（1）成本法核算的范围。

①企业能够对被投资的单位实施控制的长期股权投资，即企业对子公司的长期股权投资。

②企业对被投资单位不具有控制、共同控制或重大影响，且在活跃市场中没有报价、公允价值不能可靠计量的长期股权投资。

（2）权益法核算的范围。

①企业对被投资单位具有共同控制的长期股权投资，即企业对其合营企业的长期股权投资。

②企业对被投资单位具有重大影响（占股权的 20% ～ 50%）的长期股权投资，即企业对其联营企业的长期股权投资。

2. 长期债权投资

长期债权投资就是金融资产里的持有至到期投资。持有至到期投资，是指到期日固定、回收金额固定或可确定，且企业有明确意图和能力持有至到期的非衍生金融资产。通常情况下，能够划分为持有至到期投资的金融资产，主要是债权性投资，比如企业从二级市场上购入的固定利率国债、浮动利率金融债券等。股权投资因其没有固定的到期日，因而不能划分为持有至到期投资。持有至到期投资通常具有长期性质，但期限较短（一年以内）的债券投资，符合持有至到期投资条件的，也可将其划分为持有至到期投资。

企业应当采用实际利率法，按摊余成本对持有至到期投资进行后续计量。

其中，实际利率法是指按照金融资产或金融负债（含一组金融资产或金融负债）的实际利率计算其摊余成本及各期利息收入或利息费用的方法。摊余成本是指该金融资产的初始确认金额经下列调整后的结果：

①扣除已偿还的本金。

②加上或减去采用实际利率法将该初始确认金额与到期日金额之间的差额进行摊销形成的累计摊销额。

③扣除已发生的减值损失。

第2篇

税务处理篇

第6章 公司税收那些事——费用的计算、计提与上缴

大家都说，会计人员在月末是最忙碌的。工作几个月后，王马虎对前人的话深有体会，一到月底要进行归集、编制报表和纳税申报。尤其是对于税，王马虎看着康会计列出的那些税种就感到头晕，但是这是会计人员必学的内容，康会计决定从这个月让王马虎开始学着做，我们也一起来学习吧。

6.1 海纳百川的税种——增值税

“康会计，增值税我知道，咱买材料的时候我看客户给咱开的发票上就有这一项，但是您做的凭证直接都加到材料成本里了。”王马虎终于说出了自己的疑问。

“你的问题问得很好，我来给你详细解释一下增值税是怎么回事吧。”康会计喝口水，准备开讲。“所谓的增值税就是以商品（含应税劳务）在流转过程中产生的增值额作为计税依据而征收的一种流转税。我国法律规定，在我国境内销售货物或者加工、修理修配劳务（以下简称劳务），销售服务、无形资产、不动产以及进口货物的单位和个人，为增值税的纳税人。”

康会计看王马虎的表情就像听天书似的，停了一下，“简单点说，就是工业企业自销产品，商业企业购入后再销售商品，这些都属于销售货物。如果一个企业从事与销售货物有关的业务，就得计提和缴纳增值税。现在增值税的增税范围特别广，销售服务、无形资产、不动产以及进口货物都应该交增值税。”

6.1.1 包含范围——增值税税目及税率

（一）纳税人销售货物、劳务、有形动产租赁服务或者进口货物（除另有列举的货物外），税率为13%。

（二）纳税人销售交通运输、邮政、基础电信、建筑、不动产租赁服务，销售不动产，转让土地使用权，销售或者进口下列货物，税率为 9%：

（1）粮食等农产品、食用植物油、食用盐。

（2）自来水、暖气、冷气、热水、煤气、石油液化气、天然气、二甲醚、沼气、居民用煤炭制品。

（3）图书、报纸、杂志、音像制品、电子出版物。

（4）饲料、化肥、农药、农机、农膜。

（5）国务院规定的其他货物。

（三）纳税人销售服务、无形资产（除另有列举的服务外），税率为 6%。

（四）纳税人出口货物，税率为零；但是，国务院另有规定的除外。

（五）境内单位和个人跨境销售国务院规定范围内的服务、无形资产，税率为零。

6.1.2　简单易行——小规模纳税人计提增值税

“那为什么有的单位给我们开了增值税的发票，有的没有呢？”王马虎记得自己整理凭证时，发现原始凭证中确实存在这种情况。

“那就涉及对增值税纳税人的分类了，增值税纳税人分为小规模纳税人，比如我们单位就是，还有一般纳税人。我先来讲讲我们公司的情况。”康会计接着说。

“小规模纳税人的增值税计算比较简单。因为不涉及抵扣进项税的问题，就像你刚才问的问题，我把别人开给咱们的增值税额计到材料成本里就是这个道理。”康会计解释了王马虎刚才的疑问。

小规模纳税人销售货物或者应税劳务，实行按照销售额和征收率计算应纳税额的简易办法，并不得抵扣进项税额。其应纳税额计算公式为：

$$\text{应纳税额}=\text{销售额}\times\text{征收率}$$

小规模纳税人开具给别人的发票中的金额为价税合计金额，征收率为 3%，所以每笔业务中的增值税额 = 发票上的金额 ÷（1+3%）× 3%。

小规模纳税人在每笔收入实现并入账时就同时计提了税金，所以月末只需要把本月“应交税费——应交增值税”贷方发生额合计出来，就可以知道下个月初要上缴的增值税了，而不需要单独进行计提税金的操作。

比方说我们公司这个月有四笔收入，在确认收入时计提了税金。在月末，把这四笔业务的增值税合计一下就得到了下月初报税的数额，不需要做其他财务处理了。

康会计讲完这些，递给王马虎一张表格（表 6-1），详细列明了公司本月各笔业务的增值税额和合计额。

表6-1　本月公司应交增值税合计表

单位：元

序号	凭证号	主营业务收入	增值税额
01	记字第 9#	80 000	2 400
02	记字第 22#	100 000	3 000
03	记字第 23#	30 000	9 000
04	记字第 28#	50 000	1 500
合计		260 000	7 800

“这个比较简单，记清楚了吧？”康会计看着王马虎记得很认真。

“原来这么简单，康会计，我都记清楚了。”王马虎兴奋地说。

“那好，我们来学习一下比较复杂的，”看来，王马虎高兴得太早了，“虽然我们公司现在用不上，但是以后业务发展大了，就会申请成为一般纳税人，到时候就需要这方面的知识了。”康会计接着说道。

6.1.3　烦琐但准确的计算方式——一般纳税人计提增值税

一般纳税人的增值税计算比较困难，会计科目必须应用到三级明细，且明细科目是由会计制度本身规定好的，不能随意更改。

1. 常用明细科目

一般纳税人的增值税核算涉及自己卖东西缴纳的增值税，还有可以抵扣的买东西已经付过的增值税额，所以增值税的三级明细比较多，康会计怕王马虎记不清楚，给她列了一个表格。

一般纳税人核算增值税常用的会计科目（表 6–2）。

表6–2　一般纳税人核算增值税常用会计科目

一级科目	二级科目	三级明细	发生额的借贷方向	核算内容
应交税费	应交增值税	进项税额	借方	购进商品、材料或其他货物时对方开具的增值税专用发票上注明的税额
		销项税额	贷方	销售商品时开具给对方的发票上注明的税额。无论开具的是专用发票还是普通发票均需要计提销售税额
		转出未交增值税	借方	当销项大于进项时，产生的应交增值税，从这里转出
	未交增值税		贷方、借方	贷方表示由转出未交增值税明细转入的应交未交的增值税；借方表示已经由银行上缴的税金

这里需要说明一下，税务局对一般纳税人增值税的核算要求相当严格。应交增值税的明细科目是由会计制度或准则规定好的，不可以随意改变，但可以根据需要增加下级明细科目。

2. 基本的财务处理步骤

一般纳税人在月末必须对应交的增值税进行计算，并进行结转未交增值税的账务处理。

具体步骤是：

（1）合计本月所有进项税额。

（2）合计本月所有销项税额。

（3）进项税额与销项税额进行比较。

①如果期初进项税未抵扣余额＋本期进项税发生额＞本月销项税额发生额，则不做账务处理。此时，

本月进项税期末未抵扣余额=期初进项税未抵扣余额+本期进项税发生额−本月销项税发生额

最后计算出的“本月进项税期末未抵扣余额”就是留抵下月期初进项税未抵扣余额。

②如果期初进项税未抵扣余额＋本期进项税发生额＜本月销项税发生额时，需首先计算本月应交的增值税额：

本月应交增值税=本月销项税发生额−（期初进项税未抵扣余额+本期进项税发生额）

（4）当本期销项税额大于进项税额合计时，按计算出的差额填写结转未交增值税的记账凭证。

借：应交税费——应交增值税（转出未交增值税）

贷：应交税费——未交增值税

3. 举例说明

讲完理论知识后，王马虎一脸苦相地看着康会计：“康会计，这个太难了，一会应交，一会未交，一会进项，一会销项的，我头都大了。”

康会计笑着说：“增值税这块是很复杂的，没关系，我给你举个例子，你先练习一下。”

A 公司是增值税一般纳税人，3 月期末增值税各明细的余额及发生额如下所示：

进项税额期初未抵扣余额：1 700

本期新认证进项税额：5 100

本期销项税额合计：13 600

本期应交的增值税 =13 600−（1 700+5 100）=6 800

结转应交增值税的记账凭证（表 6-3）。

如果这个月公司的销售很少，销项税额只有 5 000，1 700+5 100>5 000，所以本月进项税期末未抵扣余额 =1 700+5 100−5 000=1 800，这就是留抵下月

期初进项税未抵扣余额。这个月公司就不需要进行账务处理了。

表6-3　增值税记账凭证

记 账 凭 证

2020年3月31日第30号

摘要	会计科目		借方金额										贷方金额										账页或√
	总账	明细账	千	百	十	万	千	百	十	元	角	分	千	百	十	万	千	百	十	元	角	分	
结转3月未交增值税	应交税费	应交增值税（转出未交增值税）					6	8	0	0	0	0											
结转3月未交增值税	应交税费	未交增值税															6	8	0	0	0	0	
合计						¥	6	8	0	0	0	0				¥	6	8	0	0	0	0	

会计主管：　　记账：　　审核：　　制单：

6.2　与流转税相关的税费——城建税及教育附加

“流转税你已经学习得差不多了，我给你说一下和流转税相关的税费。”今天康会计给王马虎安排了新的学习内容。

“啊，流转税，康会计，我们没有学习流转税，您不是只给我讲了增值税的内容吗？”

王马虎有些搞不懂了。

“增值税，还有消费税我们统称为‘流转税’，‘消费税’是对一些高消费类的货物征收增值税的基础上再加收的一道税，我们公司不涉及这个，等到涉及的时候再给你讲。这样，不是‘流转税’学习的差不多了嘛。”康会计给王马虎解释道。

王马虎点点头："原来是这样啊，那与流转税相关的税费是什么呀？"她已经按捺不住，想要学习更多的东西。

"凡是有流转税要交的企业，必须同时按一定的比例缴纳城市维护建设税和教育费附加，其中的'城市维护建设税'我们平常都简称'城建税'。"康会计解释说。

6.2.1 简单又好记——税率

"那城建税和教育费附加的税率是多少啊？"学完增值税，王马虎对税的关键点掌握得很到位。

"税率在我们进行税务登记时，税务机关就已经设定好了，虽然不用你自己烦恼该采用什么样的税率，但是我还是希望你记一下。"康会计对王马虎要求还是挺严格的。"城建税按纳税人所在地的不同，设置了三档地区差别比例税率：纳税人所在地为市区的，税率为7%；纳税人所在地为县城、镇的，税率为5%；纳税人所在地不在市区、县城或者镇的，税率为1%；现行教育费附加征收比率为3%，地方教育费附加征收率统一为2%。"

王马虎很快就根据康会计的叙述制作了税率表（表6–4）。我们一起来看看。

表6–4 城建税和教育费附加的税率表

税费种类	企业所在地区	税率
教育费附加	不分地区	3%
地方教育费附加	不分地区	2%
城建税	城市	7%
	县城、建制镇	5%
	不在市区、县城或者镇	1%

6.2.2　依附流转税计算——计税依据

“税率有了，那我们是用什么作为计税依据呀？”王马虎接着问。

“这些税是和流转税有关的，它们的关系就在于城建税和教育费附加的计税依据是当月实际缴纳的流转税的合计额。也就是说，我们这个月交多少流转税，就需要以应交的流转税额乘以相应的税率计算城建税和教育费附加。”康会计说。

6.2.3　流转税总和乘税率——计算的方法

王马虎很聪明，她根据康会计的解释，迅速写下个计算公式，递给康会计看：

应交城建税=（应交增值税+应交消费税）×城建税税率

应交教育费附加=（应交增值税+应交消费税）×教育费附加税率

康会计看了之后，点点头，“对，就是这样计算，你进步很大嘛。算完了就得做账了，我来教你怎么进行账务处理。”

6.2.4　如何进行账务处理

正确计算要交的税费金额后，要根据下面的会计分录制作记账凭证，将税费计算单据附后作为原始凭证。

借：税金及附加

　贷：应交税费——应交城建税

　　　　　　——教育费附加

　　　　　　——地方教育费附加

讲完所有的知识点后，康会计让王马虎计算一下公司这个月的各项税费。

由于公司的业务比较简单，只是单纯的增值税纳税人，只需要计算出当月应交的增值税额，然后再根据增值税额计算城建税和教育费附加就可以了。王马虎很快就算完了，我们看看她是怎么处理的。

公司目前注册地是北京市海淀区，属于城市，所以城建税的税率为 7%。

本月应纳增值税额 7 800 元，计算的结果如下：

应纳城建税 =7 800 × 7%=546

应纳教育费附加 =7 800 × 3%=234

应纳地方教育费附加 =7 800 × 2%=156

生成的记账凭证（表 6-5）。

表6-5　应交税费记账凭证

记 账 凭 证

2020 年 3 月 31 日第 30 号

摘要	会计科目		借方金额										贷方金额										账页或√
	总账	明细账	千	百	十	万	千	百	十	元	角	分	千	百	十	万	千	百	十	元	角	分	
计提城建税及附加	税金及附加							9	3	6	0	0											
计提 3 月城建税	应交税费	应交城建税																5	4	6	0	0	
计提 3 月教育费附加	应交税费	教育费附加																2	3	4	0	0	
计提 3 月地方教育费附加	应交税费	地方教育费附加																1	5	6	0	0	
合计							¥	9	3	6	0	0					¥	9	3	6	0	0	

会计主管：　　记账：　　审核：　　制单：

6.2.5　举例说明

由于公司的业务有限，康会计假设了一个业务相对较多的公司，来加深王马虎对附加税费的理解。

假设 A 公司是一般纳税人，要缴纳增值税，同时又要缴纳消费税。出现这种情况，就需要计算应交增值税和消费税的税额，再按试用税率统一计算城建税和教育费附加。

通过前面的计算，我们知道 A 公司 3 月应交增值税 6 800，应交消费税 13 000，假设该公司注册地位于县城，计算应缴纳的城建税及附加。

A 公司位于县城，所以城建税的税率为 5%（表 6–6）。

表6–6　应交城建税及教育费附加

计税依据			城建税（流转税合计 ×5%）	教育费附加（流转税合计 ×3%）	地方教育费附加（流转税合计 ×2%）
应交增值税	应交消费税	流转税合计			
6 800	13 000	19 800	990	594	396

据此，可以编制以下的会计分录。

借：税金及附加　　1 980

　贷：应交税费——应交城建税　　990

　　　　　　——教育费附加　　594

　　　　　　——地方教育费附加　　396

“其实，公司可以将计提消费税、城建税及教育费附加的分录合并到一张记账凭证中，这是因为这三类税费都可以在月末一并计提，并且计入相同的会计科目‘税金及附加’中。”康会计总结说。

这样的话，A 公司计提消费税、城建税及教育费附加的记账凭证（表 6–7）就可以这样做了。

表6–7　应交税费记账凭证

记 账 凭 证

2020 年 3 月 31 日第 30 号

摘要	会计科目		借方金额										贷方金额										账页或√
	总账	明细账	千	百	十	万	千	百	十	元	角	分	千	百	十	万	千	百	十	元	角	分	
计提城建税及附加	税金及附加					1	4	9	8	0	0	0											
计提3月消费税	应交税费	应交消费税														1	3	0	0	0	0	0	
计提3月城建税	应交税费	应交城建税																9	9	0	0	0	
计提3月教育费附加	应交税费	教育费附加																5	9	4	0	0	
计提3月地方教育费附加	应交税费	地方教育费附加																3	9	6	0	0	
合计					¥	1	4	9	8	0	0	0			¥	1	4	9	8	0	0	0	

会计主管：　　　　记账：　　　　审核：　　　　制单：

6.3　与企业盈亏相关的税种——企业所得税

王马虎最近学习各种税种很有心得体会，她也注意留心观察康会计在处理各种税时的做法。但她在整理凭证时，发现，康会计在 3 月做了企业所得税，但是 1、2 月却没有做，她很是疑惑。

她立刻拿着凭证找到康会计："师傅，为什么所得税的凭证只有 3 月有啊？"

康会计笑着说："王马虎终于细心了，发现差异了呀。这就是所得税的特殊之处了。我今天再给你讲讲所得税是怎么回事。"

"企业有了收入，同时会发生相应的成本和费用等支出，每个月的月末，将本月所有的收入减去所有的成本费用后，就是企业本月的利润额，本年收入减去本年费用就是本年的利润额。企业有了利润，就需要按照规定缴纳企业所得税，但是如果利润额是负数，就是亏损，那就不用交企业所得税了。现在，一般的中小企业是按季度计算并预缴企业所得税的，到了年终再统一进行汇算清缴，也就是说，之前我们学习的增值税和消费税等流转税、相关的附加税费，以及后面提到的个人所得税都需要一个月一交，但是企业所得税是一个季度也就是三个月才需要交一次，所以我 1、2 月都没有做账，3 月才做了账。"康会计一口气解释了这么多。

"也就是说，我们需要在每年的 3 月、6 月、9 月、12 月四个月的月末计算所得税了。"王马虎很快就反应过来了。

6.3.1　公司不同，税率不同——企业所得税税率

所得税的税率根据企业的不同分为几个税率，最基本的是 25%，适用范围最广。

小型微利企业享受优惠税率 20%。高新技术企业享受优惠税率 15%。还有一些其他特殊的企业是 10% 的税率。具体的税率表（表 6-8）。

表6-8　税率表

种类	税率	适用范围
基本税率	25%	（1）居民企业；（2）在中国境内设有机构、场所且所得与机构、场所有关联的非居民企业
优惠税率	20%	符合条件的小型微利企业
	15%	国家重点扶持的高新技术企业
扣缴义务人代扣代缴	10%	（1）在中国境内未设立机构、场所的；（2）虽设立机构、场所但取得的所得与其所设机构、场所无实际联系的非居民企业

“那我们公司规模这么小，应该属于小型微利企业吧，康会计？”王马虎问。

“小型微利企业在资产和人数、利润额上要符合一定的标准并得到税务部门的认可。具体来说，工业企业，年度应纳税所得额不超过 30 万元，从业人数不超过 100 人，资产总额不超过 3 000 万元。其他企业，年度应纳税所得额不超过 30 万元，从业人数不超过 80 人，资产总额不超过 1 000 万元。我们公司是今年刚成立，根据规定，当年新办的企业在预缴申报企业所得税时，按 25% 的税率预缴企业所得税。年度终了后，企业当年有关指标符合小型微利企业条件的，在年度汇算清缴时减按 20% 的税率计算缴纳企业所得税。所以我们还得按 25% 的税率预缴，等到年终汇算清缴时再判断我们符不符合小型微利企业的标准。”康会计对这些标准、规定记得清清楚楚。

王马虎听得目瞪口呆，“康会计，你太厉害了，我什么时候也能做到这么专业？”

“小鬼，你先把基础打好。税率搞清楚了，那我们看看怎么计算并预缴吧。”康会计笑着说。

6.3.2 每季度结一次——季度末计算并预缴

每个季度末，企业只需要按照账簿上核算出来的本季度利润额，乘以自己适用的税率计算并缴纳企业所得税即可。比方说，我们公司第一个季度利润表上的利润总额是 30 000 元，应预缴税额就应该是 30 000 × 25%=7 500 元。

计提所得税的记账凭证（表 6-9）。

表6-9 计提所得税记账凭证

记 账 凭 证

2020 年 3 月 31 日第 39 号

摘要	会计科目		借方金额										贷方金额										账页或√
	总账	明细账	千	百	十	万	千	百	十	元	角	分	千	百	十	万	千	百	十	元	角	分	
计提一季度企业所得税	所得税费用						7	5	0	0	0	0											

续表

摘要	会计科目		借方金额										贷方金额										账页或√
	总账	明细账	千	百	十	万	千	百	十	元	角	分	千	百	十	万	千	百	十	元	角	分	
计提一季度企业所得税	应交税费	应交企业所得税															7	5	0	0	0	0	
合计						¥	7	5	0	0	0	0				¥	7	5	0	0	0	0	

会计主管：　　　　记账：　　　　审核：　　　　制单：

“师傅，我们以后每个季度都这么做，到 6 月预缴时把利润总额乘以税率就行呗。”王马虎又犯糊涂了。

“当然不是，你想想，我们利润表里的全年利润总额是从 1 月计算到当月的，我们 3 月已经交了前三个月的，到 6 月计算时当然得把交过的减去了，假如我们到 6 月利润表上的全年利润总额是 50 000，应预缴的所得税为 50 000 × 25%=12 500，刨去我们一季度已经预缴的 7 500，那么二季度应预缴的金额为 5 000。”康会计立刻纠正了王马虎。

“对啊，我怎么又犯糊涂了，要是按我的想法，我们公司不知道要多交多少税呢。但是，康会计，我们都是预缴，最后我们总得交个实际数吧。”王马虎又提出了疑问。

6.3.3　年末总算账——年终汇算清缴

“那我们看看每年缴纳企业所得税的实际数是怎么得来的。”康会计说。

企业所得税和其他税种不同，除了每个季度要预缴以外，到了年终还要进行汇算清缴，这是因为，企业核算和税务规定之间存在很多差异，平时我们都是按照会计核算的结果预缴企业所得税，到了年终还要对全年的收入、成本和费用按照税务规定进行调整，具体的方法和过程是：

（1）一般第四季度的预缴工作在次年的 1 月 15 日结束，然后，企业财务人员需要对全年的收入、成本和费用按照税务规定进行调整，并计算出符合税法要求的应纳税所得额。这个应纳税所得额一般都会大于利润表上的利润总额。

（2）综合全年已经预缴的金额，计算出年终应补缴或应申请退回的税额。

（3）按照税务部门的要求进行各项财产损失及减、免税事项的审批和备案工作。

（4）按照符合税务部门规定的范围，还要请税务师事务所进行汇算清缴审计工作。一般情况下，亏损额过大的企业就会被要求提交税审报告。

（5）向税务部门提供汇算清缴资料。不同的地区方法不太一样，有的网上报，有的现场报。

（6）按税务部门出具的缴款书补缴税金或等待退税。

整个过程大概会在 5 月底之前结束。

6.4 与个人收入相关的税种——个人所得税

康会计把几大税种都教过了，王马虎也学得差不多了，但她一直都惦记着一个税种，那就是个人所得税，她上个月做工资的时候发现有的人交得多，有的人不用交，她一定要搞明白这个税到底怎么回事。今天她就央求着康会计给她讲这个知识。

个人所得税，顾名思义，就是对个人所得征收的一种税。个人所得分为很多种类，其中和工薪阶层最为相关的就是工资薪金收入了。

个人所得税对财务人员来说也很重要，因为目前我们国家的个人所得税大多采用代扣代缴的办法，也就是一个人在哪里拿钱，这个给钱的一方就要先把个人所得税代扣下来，然后再代为上缴给国家。

所以财会人员在计算工资的时候，首先要正确地计算出每个人应该缴纳的个人所得税，然后上报给税务机关，履行代扣代缴的职责。

6.4.1 什么收入要交个人所得税——个人所得税的征税范围

对于个人，也就是自然人取得的各项应税所得都要按不同的税率计算缴纳个人所得税。

个人所得税征税范围包括以下几种：

（1）工资、薪金所得：如工资、奖金、过节费等。

（2）个体工商户的生产、经营所得。

（3）对企事业单位的承包经营、承租经营所得。

（4）劳务报酬所得：如提供咨询服务、兼职会计。

（5）稿酬所得：如出书获得的稿费。

（6）特许权使用费所得：如转让著作权。

（7）利息、股息、红利所得。

（8）财产租赁所得：如出租房子。

（9）财产转让所得：如卖房子。

（10）偶然所得：如个人得奖、中奖、中彩等。

6.4.2　交税比例是多少？——税率

“那为什么有的人的工资需要交税，有的人不需要呢？”王马虎对此耿耿于怀。

“那是因为我国对工资、薪金所得实行超额累进税率计算个人所得税。2019 年 1 月 1 月新修订的个税法正式实施，个人所得税基数由之前的 3 500 元提高到了 5 000 元，还可以减去 6 项专项附加扣除，主要有子女教育、继续教育、赡养老人、大病医疗、住房贷款利息和住房租金，扣除三险一金和专项附加，工资大于 5 000 元需要缴纳个人所得税，若小于 5000 元则不需要缴纳。”康会计解释说。

目前，我国采用的是分类所得税制，不同的所得适用不同的税率。个人所得税依照所得项目的不同，分别确定了两种类别的所得税税率（表 6-10）。

表6-10　个人所得税税率

形式		适用范围
税率	3% 至 45% 的七级超额累进税率	居民个人的综合所得
	3% 至 45% 的七级超额累进税率	非居民个人工资、薪金所得，劳务报酬所得，稿酬所得，特许权使用费所得

续表

形式		适用范围
税率	5% 至 35% 的五级超额累进税率	经营所得
	20% 的比例税率	财产租赁所得
		利息、股息、红利所得
		财产转让所得
		偶然所得
预扣率	3% 至 45% 的七级超额累进预扣率	居民个人工资、薪金所得预扣预缴
	三级超额累进预扣率	居民个人劳务报酬所得预扣预缴
	20% 的比例税率	居民个人劳务稿酬所得预扣预缴
		居民个人特许权使用费所得预扣预缴

其中居民个人工资、薪金所得按累计预扣法，计算每月预缴税额，即：

累计预扣预缴应纳税所得额=累计收入-累计免税收入-累计减除费用-累计专项扣除-累计专项附加扣除-累计依法确定的其他扣除

本期应预扣预缴税额=（累计预扣预缴应纳税所得额×预扣率-速算扣除数）-累计减免税额-累计已预扣预缴税额

居民个人取得综合所得，按年计算个人所得税数额（表 6-11）；有扣缴义务人的，由扣缴义务人按月或按次预扣预缴税款；需要办理汇算清缴的，应当在取得所得的次年 3 月 1 日至 6 月 30 日内办理汇算清缴。

居民个人的综合所得，以每一纳税年度的收入额减除费用 6 万元以及专项扣除、专项附加扣除和依法确定的其他扣除后的数额，为应纳税所得额。即：

应纳税所得额=年度收入额-6万元-专项扣除-专项附加扣除-依法确定的其他扣除

应纳税额=应纳税所得额×适用税率-速算扣除数

表6–11　居民个人综合所得的超额累进税率表

级数	全年应纳税所得额	税率（%）	速算扣除数（元）
1	不超过 36 000 元的部分	3%	0
2	超过 36 000 元至 144 000 元的部分	10	2 520
3	超过 144 000 元至 300 000 元的部分	20	16 920
4	超过 300 000 元至 420 000 元的部分	25	31 920
5	超过 420 000 元至 660 000 元的部分	30	52 920
6	超过 660 000 元至 960 000 元的部分	35	85 920
7	超过 960 000 元的部分	45	181 920

其中专项扣除包括居民个人按照国家规定的范围和标准缴纳的基本养老保险、基本医疗保险、失业保险等社会保险费和住房公积金等。专项附加扣除包括子女教育支出、继续教育支出、大病医疗支出、住房贷款利息支出、住房租金支出和赡养老人支出（表 6–12）。

表6–12　专项附加扣除表

<table>
<tr><th>专项附加扣除项目</th><th colspan="2">扣除标准</th></tr>
<tr><td>子女教育支出</td><td colspan="2">每个子女“每月”扣除 1 000 元</td></tr>
<tr><td rowspan="2">继续教育支出</td><td colspan="2">学历（学位）继续教育，“每月”扣除 400 元</td></tr>
<tr><td colspan="2">技能人员职业资格继续教育、专业技术人员职业资格继续教育，在取得相关证书的“当年”，扣除 3 600 元</td></tr>
<tr><td>大病医疗支出</td><td colspan="2">个人负担累计超过 15 000 元的部分，“每年”在 80 000 元限额内扣除</td></tr>
<tr><td>住房贷款利息支出</td><td colspan="2">“每月”扣除 1 000 元</td></tr>
<tr><td rowspan="3">住房租金支出</td><td colspan="2">第一类城市，“每月”扣除 1 500</td></tr>
<tr><td rowspan="2">除第一类城市</td><td>人口＞100 万，“每月”扣除 1 100 元</td></tr>
<tr><td>人口≤100 万，“每月”扣除 800 元</td></tr>
<tr><td rowspan="2">赡养老人支出</td><td colspan="2">独生子女，“每月”扣除 2 000 元</td></tr>
<tr><td colspan="2">非独生子女，“每月”最多扣除 1 000 元</td></tr>
</table>

6.4.3 举例说明

“张会计，2019 年 1 月 1 月我国新修订的个税法正式实施后，您弄清楚该怎么计算居民个人预扣预缴税款了吗？”人宝开始犯愁了。

“其实啊，很简单，扣缴义务人向居民个人支付工资、薪金所得时，应当按照累计预扣法计算预扣税款，并按月办理扣缴申报。”张会计指着税率表说。

累计预扣法，是指扣缴义务人在一个纳税年度内预扣预缴税款时，以纳税人在本单位截至当前月份工资、薪金所得累计收入减除累计免税收入、累计减除费用、累计专项扣除、累计专项附加扣除和累计依法确定的其他扣除后的余额为累计预扣预缴应纳税所得额，适用个人所得税预扣率表（与综合所得税率表一致），计算累计应预扣预缴税额，再减除累计减免税额和累计已预扣预缴税额，其余额为本期应预扣预缴税额。

余额为负值时，暂不退税。纳税年度终了后余额仍为负值时，由纳税人通过办理综合所得年度汇算清，税款多退少补。

居民个人向扣缴义务人提供有关信息并依法要求办理专项附加扣除的，扣缴义务人应当按照规定在工资、薪金所得按月预扣预缴税时予以扣除，不得拒绝。具体计算公式如下：

累计预扣预缴应纳税所得额=累计收入-累计免税收入-累计减除费用-累计专项除扣-累计专项附加扣除-累计依法确定的其他扣除

其中：累计减除费用，按照 5 000 元 / 月以纳税人当年截至本月在本单位的任职总月份数计算。即纳税人如果 5 月入职，则扣缴义务人发放 5 月工资扣缴税款时，减除费用按 5 000 元计算；发放 6 月工资扣缴税款时，减除费用按 10 000 元计算，以此类推。

本期应预扣预缴税额=（累计预扣预缴应纳税所得额 × 预扣率-速算扣除数）-累计减免税额-累计已预扣预缴税额

6.4.4 一步一步来——核算工资、薪金个人所得税的步骤

“个人所得税的申报是有一定的流程的，你接触的少我先给你列一下，等

到以后做得多了，你就熟悉了。”康会计边说边给王马虎列出了个税的上报流程。

目前，北京市个人所得税计缴的上报流程如下所列：

（1）在计算工资表时正确计算出税金。

（2）在发工资时将税金扣下，暂时留在企业账上。

发放工资的同时计提个人所得税的会计分录为：

借：应付职工薪酬　　5 300

　贷：银行存款　　4 875

　　应交税费——应交个人所得税　　425

（3）在次月初7号之前从网上申报个人所得税总额。

（4）在次月初7号之前到银行缴纳税金。

（5）在月底之前要从网上把上个月的个人所得税明细上传到地税部门。

6.5 不能忽视的小税种们——印花税、车船税、城镇土地使用税、房产税

大税种都已经讲完了，王马虎这几天的学习虽然很辛苦，但是受益匪浅。

“怎么样，学习完这些税种，有什么体会？”康会计问王马虎。

“说实话我的感觉就是，办一个企业、哪怕是一个小小的企业都是很不容易的。”王马虎很认真地说。

“那当然，俗话说‘麻雀虽小，五脏俱全’，即使是一个只有几个人，业务单一的小企业，工商、税务、统计、社保……与每个部门都要打交道，都不能耽误，尤其是税务上的事，是一天也不能拖延的。就说税吧，除了我之前给你讲的那些流转税及附加、企业所得税和个人所得税等常见的大税种外，还有一些其他税种，如印花税，车船税等，你自己了解一下。”康会计说完，递给王马虎一本税法的书。

我们看看王马虎自学了哪些小税种。

6.5.1 印花还要交税？——印花税

在前面我们讲到账簿的时候，曾经提到过印花税，说是在账簿上需要贴

上印花税票。

其实，印花税不仅针对账簿，而且是个非常常用的税种，每个企业，每个年度都会需要计算并购买印花税票，为自己的合同、证照、账簿等贴花完税。

1. 税目及税率

在企业的日常业务中，需要贴印花税的情况非常多，印花税的征税范围及每类应税凭证的印花税率（表 6-13）。

表6-13　印花税的征税范围及每类应税凭证的印花税率

类别	税目	税率形式	纳税人
合同或具有合同性质的凭证	购销合同	购销金额 0.3‰	订合同人
	加工承揽合同	加工或承揽收入 0.5‰	
	建设工程勘察设计合同	收取费用 0.5‰	
合同或具有合同性质的凭证	建筑安装工程承包合同	承包金额 0.3‰	订合同人
	财产租赁合同	租赁金额 1‰	
	货物运输合同	收取的运输费用 0.5‰	
	仓储保管合同	仓储保管费用 1‰	
	借款合同（包括融资租赁合同）	借款金额 0.05‰	
	财产保险合同	收取的保险费收入 1‰	
	技术转让合同：包括专利申请转让、专利实施许可和非专利技术转让	所载金额 0.3‰	
书据	产权转移书据：包括土地使用权出让合同、土地使用权转让合同、商品房销售合同、专利权转让合同； 个人无偿赠送不动产所签订的“个人无偿赠与不动产登记表”	按所载金额 0.5‰	立据人

续表

类别	税目	税率形式	纳税人
账簿	营业账簿：包括日记账簿和各明细分类账簿	记载资金的账簿，按实收资本和资本公积的合计0.5‰；其他账簿按件贴花5元	立账簿人
证照	权利、许可证照：包括房屋产权证、工商营业执照、商标注册证、专利证、土地使用证	按件贴花5元	领受人

2. 纳税时间

各地方的规定不尽相同。目前，北京市的印花税可以采用简易办法在年终的时候统一计算，统一购买，统一贴花，而不需要每收到一份合同就买一次花。当然，如果企业不嫌麻烦的话，可以每份合同一签订就买一次花，国家是非常欢迎这样的优秀纳税户的。

3. 完税方法

印花税有两种完税方法，分别是：

（1）自己购买，自行贴花。

（2）进行汇缴完税。

注意：应税合同都是双方签订各持一份，双方持有的合同都要按合同载明的总金额贴花完税，通俗地讲，就是印花税是双向收取的，而且，只要签订了合同，即使没有执行该合同，也要贴花完税。

4. 印花税的汇缴完税流程

对于一份应税凭证，如资金账簿、大额货款合同、大额购销合同、大额房租合同等，计算出的应缴印花税额如果超过500元，就不能再自己买印花税票了，而是需要填写税票。

步骤如下：

（1）计算需要缴纳的印花税额。

（2）从地税局领用税票。

（3）按要求填写税票。

（4）持税票到银行交税。

（5）持盖有银行章的税票完税联、需要完税的凭证（账簿或合同）到税务机关（一般是找专管员）。

（6）税务人员在账簿或合同的空白处盖上完税的戳。

（7）根据完税凭证制作记账凭证入账。

5. 自行购买印花税

除了一份超过 500 元的凭证要汇缴贴花外，其他的应税凭证贴花时需要财务人员自己购买，具体步骤如下：

（1）首先计算要贴的印花税，每份合同要单独计算。

（2）统计出各种面额的印花税分别需要多少张。也就是每份合同需要单独计算的原因，否则我们无法知道小面额的，如 5 元的税票需要多少张。

（3）到地税局购买税票，或者找代售印花税的机构购买也可以。

6. 印花税如何入账

印花税现算现交，无须实现计提，可以直接根据汇缴的完税凭证或者获取的发票制作会计分录：

借：管理费用——印花税

　贷：银行存款/库存现金

7. 举例说明

企业 3 月增资 50 万元，全年签订购销合同 20 份，合同总金额为 300 万元，购买账册 4 本，换领新的营业执照一份。

年终计算本年度应交的印花税。

增资：500 000 × 0.5‰=250（元）

购销合同：3 000 000 × 0.3‰=900（元）

账册：5 × 4=20（元）

营业执照：5 元

合计金额：250+900+20+5=1 175（元）

根据以上计算结果填写记账凭证（表 6–14），将完税凭证或发票附后作为原始凭证即可。

表6-14　上缴印花税记账凭证

记 账 凭 证

2020 年 3 月 31 日第 39 号

摘要	会计科目		借方金额										贷方金额										账页或√
	总账	明细账	千	百	十	万	千	百	十	元	角	分	千	百	十	万	千	百	十	元	角	分	
上缴印花税	管理费用	印花税					1	1	7	5	0	0											
上缴印花税	银行存款																1	1	7	5	0	0	
合计						¥	1	1	7	5	0	0				¥	1	1	7	5	0	0	

会计主管：　　　　记账：　　　　审核：　　　　制单：

6.5.2　有车也要交税——车船税

有车的单位，每年都要交车船税，不同型号的车辆单位税额是不同的。

首先要搞清楚单位的车辆是什么型号、需要缴纳多少税金。

1. 税目及税率

车船税实行定额税率（表 6-15）。确定税额总的原则是：非机动车船的税负轻于机动车船；人力车的税负轻于畜力车；小吨位船舶的税负轻于大船舶。

表6-15　车船税税率表

名称	计税单位	备注
乘用车（排气量）	每辆	核定载客人数 9 人（含）以下
商用车	每辆	核定载客人数 9 人（包括电车）
	整备质量每吨	（1）包括半挂牵引车、挂车、客货两用汽车、三轮汽车和低速载货汽车等。 （2）挂车按照货车税额 50% 计算

续表

名称	计税单位	备注
其他车辆	整备质量每吨	不包括拖拉机
摩托车	每辆	
船舶	净吨位每吨	拖船、非机动驳船分别按机动船舶税额的50%计算
游艇	艇身长度每米	

2. 纳税期限

车船税按年征收，具体申报纳税期限由省、自治区、直辖市人民政府确定。

目前北京市的规定为：车船税纳税人为单位的，其申报纳税期限为每年的10月1日到10月15日，也就是说，有车的单位，应在每年的9月底先计提税金，然后在10月1日至15日之间申报纳税。

3. 账务处理

计提车船税的会计分录为：

借：管理费用——车船税

　　贷：应交税金——应交车船税

6.5.3 用地当然要交税——城镇土地使用税

有房产的单位则要缴纳城镇土地使用税，城镇土地使用税按占用的面积缴纳，土地所在的位置不同，每平方米的单位税率也不相同。

首先要了解自己的房产位于什么地理位置，面积是多少，然后计算出应交税金，根据以下会计分录制作计提税金的记账凭证。

借：管理费用——城镇土地使用税

　　贷：应交税费——应交城镇土地使用税

城镇土地使用税为按年征收、分期缴纳，具体申报纳税期限由省、自治区、直辖市人民政府确定。

目前北京市的规定为：申报纳税期限为每年的4、10月的前15日内，纳税人应分别在每年4、10月的前15日内缴纳上、下半年应纳的税款。也就是说，财务人员应于 3 月底、9 月底先计提税金，然后在 4 月初、10 月初申报缴纳。

6.5.4　房子也要交税——房产税

企业拥有产权的房产，不论自用办公还是出租收取租金，都需要缴纳房产税。办公自用和出租两种方式的房产税计算方法不同。

1. 税率

房产税的税率根据房产的用途不同分为两类，自用的房产为从价计征，出租的房产按租金计征。

（1）从价计征：税率为 1.2%。

（2）从租计征：税率为 12%；对个人按市场价格出租的居民住房，用于居住的，暂减按 4% 税率征收房产税。

2. 计税依据

（1）从价计征——计税依据是房产原值一次减除 10% ～ 30% 的扣除比例后的余值。各地扣除比例由当地省、自治区、直辖市人民政府确定。

（2）从租计征——计税依据为房产租金收入。

3. 应纳税额的计算

房产税税额的计算（表 6-16）。

表6-16　房产税税额的计算

计税方法	计税依据	税率	税额计算公式
从价计征	房产计税余值	1.2%	全年应纳税额＝应税房产原值 ×（1-扣除比例）×1.2%
从租计征	房屋租金	12%（个人为 4%）	全年应纳税额＝租金收入 ×12%（个人为 4%）

房产税也是按年计征、分期缴纳，具体申报纳税期限由省、自治区、直辖市人民政府确定。

目前北京市的规定与城镇土地使用税相同：也是全年税额分两次缴纳，

纳税期限为 4 月 1 日至 4 月 15 日和 10 月 1 日至 15 日。也就是说，财务人员应于 3 月底、9 月底先计提税金，然后在 4 月初、10 月初申报缴纳。

4. 账务处理

根据以下会计分录制作计提房产税的记账凭证：

借：管理费用——房产税

　贷：应交税费——应交房产税

6.6 税费上缴轻松搞定——按税种分别阐述

学习完所有的税种，王马虎以为她以后就可以独立报税了，没想到她高兴得太早了。

“税金处理是很麻烦的，我们财务处理时间和税务要求上缴的时间是有差异的，因此，财务处理上就产生了计提和上缴两个步骤，我已经教你怎么计提了，你要再掌握一下在次月初这些税金上缴的过程如何处理。”康会计对王马虎说。

下面我们看看各种税金上缴的过程。

6.6.1 海纳百川的税种——增值税

每月初先通过 IC 卡或网上申报，到税务局报税打税票，若办好了税银联网业务，则只到税务局报税不打税票。到银行交税，或银行自动划转。从银行取回完税联，制作记账凭证。

小规模纳税人上缴增值税的会计分录如下：

借：应交税费——应交增值税

　贷：银行存款

一般纳税人上缴增值税的会计分录如下：

借：应交税费——未交增值税

　贷：银行存款

6.6.2 利润要交税——企业所得税

企业所得税每个季度预缴，年终汇算清缴。每个季度末计提，下个月初申报并上缴。

缴纳企业所得税的会计分录如下：

借：应交税费——应交企业所得税

  贷：银行存款

6.6.3 其他税种

个人所得税、城镇土地使用税、房产税、车船税等均要通过地税网先申报后缴纳，步骤和方法与土地增值税相同，这些税种也可以和土地增值税一起在网上申报，生成一张电子缴款书，一次性到银行缴纳，分开报也可以。

交税的会计分录如下：

借：应交税费——应交个人所得税

  ——应交城镇土地使用税

  ——应交房产税

  ——应交车船税

  贷：银行存款

第7章 账务汇总那些事

“明天就是周五啦，肖哥！周末准备去哪里Happy呢？”大宝兴冲冲地问。

“还 Happy 呢，马上就月底了，不仅周末，明晚八成都要留下来加班！你想想，这一个月里，我们做了那么多凭证，有各种费用的、收入的、成本的、还有贷款等，可是那些总账和明细账都一个也没填写呢。而且我们是要按月出一套报表的，这些工作都要在几天完成，大家都有得忙呢！”肖哥说。

7.1 分门别类更清楚——根据记账凭证登记明细账

“我们小企业平日里业务不是很多，所以一般都将登记账簿的工作留在月底一起处理。首先我们根据这个月填写的记账凭证来登记明细账。你去把我们平时收纳凭证的纸箱拿来，你的工作第一步就是检查它们的项目、金额和背后粘贴的原始凭证是否一致，有没有没附原始凭证的情况，然后依据上方的凭证编号把它们按顺序排列。不要以为这个工作很琐碎又无聊，其实它是非常重要的，是保证我们登记各种账簿以至最终出报表准确性的最基础的一步。”肖哥给大宝安排工作并道。

大宝把那箱凭证抱了过来，发现本来薄薄一页纸的记账凭证因为后面附了很多原始凭证都变得超厚。她开始逐页检查原始凭证的汇总金额和记账凭证上列示的金额是否一致，一时间计算器被她按得啪啪响。大宝一边检查一边发出感叹：“啊，原来这样的业务是这么处理的啊，什么时候我也能这么专业呢。”

“看完了，肖哥，都没问题！”大宝高兴地说。

“真的吗？那太好了，因为现在如果发现原始凭证有缺失或者错误，一般是不太好去追溯的，可能相关责任人早就弄丢了。下面我们就开始按照审核之后无误的记账凭证来登记明细账，我给你演示一个账簿，余下的你自己摸索着填写，给你个锻炼的机会，其实可以参照前面几个月的来。”肖哥讲道。

"好的，谢谢肖哥！"大宝激动地答道。

7.1.1　加加减减更准确——三栏式明细账的登记方法

"刚才在你编号的过程中应该也发现了，我们每个月填写的记账凭证都是按照业务的发生顺序排列的，但是这样并不利于我们了解每个会计科目本月到底发生了什么增减变动，也不方便出财务报表，这样就必须通过记录明细账来实现了。"肖哥说着并拿过一本银行日记账："我们首先来填写银行存款日记账，它也是三栏式的，用来记录银行存款的收取和支出以及月末结存额。每年年初我们都会新建一本银行存款日记账，下面我们就开始登账了。"

1. 银行存款日记账

肖哥边填写日记账（表7-1）边给大宝讲解："你看这笔记账凭证，是我们售出甲产品的货款286 650元，其中包含了商品价款和公司的增值税销项税额。"

表7-1　本月8号记账凭证

记 账 凭 证

2020 年 6 月 11 日第 8 号

摘要	会计科目		借方金额										贷方金额										账页或√
			千	百	十	万	千	百	十	元	角	分	千	百	十	万	千	百	十	元	角	分	
收到甲产品货款	银行存款				2	8	6	5	0	0	0	0											
收到甲产品货款	主营业务收入	甲产品													2	4	5	0	0	0	0	0	
收到甲产品货款	应交税费	应交增值税														4	1	6	5	0	0	0	
合计				¥	2	8	6	5	0	0	0	0		¥	2	8	6	5	0	0	0	0	

会计主管：　　　　记账：　　　　审核：　　　　制单：

“那么根据这张记账凭证，我们填制银行存款日记账的步骤是这样的，你要认真记下来。”

（1）填写日期，完全按照记账凭证的日期填写。

（2）填写凭证编号，也是按照记账凭证上书写的编号来填。

（3）填写摘要，把记账凭证中银行存款那一行的摘要照搬过来。

（4）填写借方金额，这一笔是我们收到别人的货款所以计入借方，如果是我们付款就计入贷方，这个很好判断，然后将记账凭证上的借方金额抄写到账簿的借方金额栏里。

（5）接下来这一步非常重要，就是登记好账簿之后，在记账凭证的最右侧银行存款那一行的记账列打勾，表示这笔业务的银行存款科目已经登过账了，这对于我们最后试算平衡发现借贷不相符时查找原因是非常有帮助的，可以极大地减轻我们的工作量，避免我们多计或者少计银行存款这一科目。

按上述步骤填写的银行存款日记账（表 7–2）。

“接下来，按照记账凭证的顺序将全部包含银行存款科目的记账凭证依次登记到银行存款日记账中，如果一页未能完成本月的项目，就在当页的最后一行内填写‘转下页’字样，余额栏抄写倒数第二行的余额（图 7–1），然后在下一页的第一行填写‘承前页’字样，也要在余额栏填写上一页的余额数。”肖哥继续说道。

“所有的凭证都登记好之后，需要进行月结。一般都是在每个月的最后一笔发生额的下边栏划一条红线，然后在下一行的摘要中写“本月合计”字样，借方一列填写本月所有借方金额的合计数，同理贷方填写本月所有贷方金额的合计数。最后结出本月银行存款科目的余额 = 期初余额 + 本月借方发生合计额 – 本月贷方发生合计额，将计算出来的值填写在最右侧的余额栏，再在合计行下边栏划一条红线，代表月结。（表 7–3）”肖哥又说道。

2. 现金日记账

肖哥登记完本月的银行存款日记账之后就去忙别的了，把剩下的几个账簿全都留给了大宝，让她慢慢做，有拿不准的再来问他。大宝处理的某一张记账凭证（表 7–4）是支付销售部门的打车费。

表7-2　本月记录了一部分凭证的银行存款日记账

银行存款日记账

2002年		凭证		摘要	对方科目	借方金额									贷方金额									余额									√
月	日	字	号			百	十	万	千	百	十	元	角	分	百	十	万	千	百	十	元	角	分	百	十	万	千	百	十	元	角	分	
6	1			期初余额																					2	3	4	0	0	0	0	0	
	2		2	付A材料货款与增值税	1201物资采购											1	2	0	0	0	0	0	0		1	1	4	0	0	0	0	0	
					2171应交税金												2	0	4	0	0	0	0			9	3	6	0	0	0	0	
	5		4	缴纳上月应交税金	2171应交税金												5	2	0	0	0	0	0			4	1	6	0	0	0	0	
	6		6	支付A、B材料运费	1201物资采购													1	5	0	0	0	0			4	0	1	0	0	0	0	
				与增税	2171应交税金														6	5	0	0				4	0	0	3	5	0	0	
	9		7	购入不需安装的设备	1501固定资产												2	0	0	0	0	0	0			2	0	0	3	5	0	0	
	11		8	收到甲产品货款	5101主营业务收入		2	4	5	0	0	0	0	0											2	6	5	0	3	5	0	0	
					2171应交税金			4	1	6	5	0	0	0											3	0	6	6	8	5	0	0	
	13		11	支付技工学校经费	5601营业外支出													3	0	0	0	0	0		3	0	3	6	8	5	0	0	
	14		12	支付B材料部分货款	1201 物资采购											1	4	4	0	0	0	0	0		1	5	9	6	8	5	0	0	
	15		14	提现，备发工资	1001现金											1	4	4	0	0	0	0	0			1	9	6	8	5	0	0	
	16		16	收到国家拨入资金	3101实收资本		4	0	0	0	0	0	0	0											4	1	9	6	8	5	0	0	
	16		17	归还前欠宏伟厂货款	2121应付账款											1	5	3	7	2	0	0	0		2	6	6	4	1	5	0	0	
	16			转下页																					2	6	6	4	1	5	0	0	

表7–3　月底结账时的银行存款日记账

银行存款日记账

19年		凭证		摘要	对方科目	收入								支出								结余								核对
月	日	字	号			十	万	千	百	十	元	角	分	十	万	千	百	十	元	角	分	十	万	千	百	十	元	角	分	
7	1			期初余额																				2	0	0	0	0	0	
	3	银收	1	销售收入	产品销售收入				5	0	0	0	0											2	5	0	0	0	0	
	8	银付	1	支付购料款	材料采购												6	0	0	0	0			1	9	0	0	0	0	
	13	银付	2	提取现金备用	现金												4	0	0	0	0			1	5	0	0	0	0	
	20	银收	2	收到购货单位款	应收账款			4	0	0	0	0	0											5	5	0	0	0	0	
	25	银付	3	支付购料款	材料采购											3	0	0	0	0	0			2	5	0	0	0	0	
	25	现付	3	收到购货单位款	应付账款			3	0	0	0	0	0											5	5	0	0	0	0	
	31			本月发生额及余额				7	5	0	0	0	0			4	0	0	0	0	0			5	5	0	0	0	0	

表7-4 本月16号记账凭证

记 账 凭 证

2020年6月11日第16号

摘要	会计科目		借方金额										贷方金额										账页或√
			千	百	十	万	千	百	十	元	角	分	千	百	十	万	千	百	十	元	角	分	
销售部报销出租车费	销售费用							5	5	6	7	0											
销售部报销出租车费	库存现金																	5	5	6	7	0	
合计							¥	5	5	6	7	0					¥	5	5	6	7	0	

会计主管：　　记账：　　审核：　　制单：

肖哥这时候正好去找总监签字回来路过大宝的座位，看到她刚刚完成的现金日记账（表7-5）说："不错啊大宝，第一次就做得这么好！值得表扬。有一点给你讲一下，你看这个现金日记账和刚才的银行存款日记账一样都是按月结余额的，但是实际上按照相关的规定，库存现金应当日清月结，也就是说一个公司的出纳应该每天都根据记账凭证登记现金日记账（表7-6），并将每日清算的余额与公司库存的现金数目对比，以防出现损失。但是实际上，像我们这样的小公司，业务量不大，与现金相关的业务就更少了，你也发现了，有的时候一天也没有一笔，所以我们公司就不用每天都清算现金，而是按月结算。每个公司都可以根据自己的实际业务量选择按日、按周、按月等来结清库存现金。"

表7–5 月底结账时现金日记账

现 金 日 记 账

2000年		凭证编号	摘要	对应科目	借方										√	贷方										√	余额									
月	日				千	百	十	万	千	百	十	元	角	分		千	百	十	万	千	百	十	元	角	分		千	百	十	万	千	百	十	元	角	分
			上年结转																											1	3	7	6	1	3	8
1	4	现付 15	支付销售部运营费																			4	0	0	0					1	3	7	6	1	3	8
1	9	现付 16	支付销售部的费																		5	5	6	7	0					1	3	1	6	4	6	8
1	12	现付 17	支付销售部招待费																	1	5	0	0	0	0					1	1	6	6	4	6	8
1	15	现付 18	支付产品部广告费																	3	2	9	0	0	0						8	4	0	4	6	8
1	10	银付 3	取现						3	0	0	0	0	0																1	1	4	0	4	6	8
1	27	现付 19	支付系统集成部的费																		4	1	2	4	0					1	0	9	6	2	2	8
1	31	现付 20	支付办公室办公用品																	1	4	6	6	0	0						9	6	2	6	2	8
			本月合计						3	0	0	0	0	0						7	2	6	5	1	0						9	6	2	6	2	8

表7-6　按日结清的现金日记账

现 金 日 记 账

科目：库存现金　　　日期：2007 年 3 月 1 日～2007 年 3 月 31 日

2007 年		凭证字号	摘要	借方										贷方										借/贷	余额									
月	日			千	百	十	万	千	百	十	元	角	分	千	百	十	万	千	百	十	元	角	分		千	百	十	万	千	百	十	元	角	分
			上期结转																					借						6	0	0	0	0
3	5	付 0001	提现					6	0	0	0	0	0											借					6	6	0	0	0	0
3	5		本日合计					6	0	0	0	0	0											借					6	6	0	0	0	0
3	10	付 0002	购办公用品																8	5	0	0	0	借					5	7	5	0	0	0
3	10		本日合计																8	5	0	0	0	借					5	7	5	0	0	0
3	15	付 0005	预借差旅费															1	5	0	0	0	0	借					4	2	5	0	0	0
3	15		本日合计															1	5	0	0	0	0	借					4	2	5	0	0	0
3			当前合计					6	0	0	0	0	0					2	3	5	0	0	0	借					4	2	5	0	0	0
3			当前累计					6	0	0	0	0	0					2	3	5	0	0	0	借					4	2	5	0	0	0

3. 其他三栏式明细账——应收账款明细账

不同于前两个日记账采用订本账簿，其余的三栏式明细账均使用活页式账页，比如大宝正在填写的应收账款明细账（表 7-7），需要按照不同的欠款人名称再分别设置二级明细科目，现在正在登记的这个客户的名称是“直达公司”，购买了总价值 456 300 元的乙产品尚未付款。

表7-7　本月18号记账凭证

记 账 凭 证

2020 年 6 月 11 日第 18 号

摘要	会计科目		借方金额										贷方金额										账页或√
			千	百	十	万	千	百	十	元	角	分	千	百	十	万	千	百	十	元	角	分	
销售乙商品未收到货款	应收账款	直达公司			4	6	5	3	0	0	0	0											
销售乙商品未收到货款	主营业务收入	乙产品													4	5	1	7	4	7	5	7	
销售乙商品未收到货款	应交税费	应交增值税														1	3	5	5	2	4	3	
合计				¥	4	6	5	3	0	0	0	0		¥	4	6	5	3	0	0	0	0	

会计主管：　　记账：　　审核：　　制单：

填写三栏式明细账的步骤和上文所述的两种日记账基本相似：

（1）在账页的右上角设立明细科目，比如这笔记账凭证就要填写“直达公司”，一张账页就只设立一个明细科目，后续再有其他欠款人再填写其他账页。

（2）根据记账凭证上的内容逐项填写明细账页，包括日期、凭证号、摘要和借贷方的余额（表 7-8）。

表7-8 应收账款明细账页填写样本

应收账款明细分类账

总第______页
分第______页
编号______页

户名：直达公司

2002年		凭证		摘要	借方金额										贷方金额										借/贷	余额										√
月	日	字	号		千	百	十	万	千	百	十	元	角	分	千	百	十	万	千	百	十	元	角	分		千	百	十	万	千	百	十	元	角	分	
6	17		18	销售乙产品			4	5	6	3	0	0	0	0											借			4	5	6	3	0	0	0	0	

（3）填写完毕后在记账凭证的相应位置打钩表示该笔应收账款已经登入明细账。

（4）将本月所有与“直达公司”相关的应收账款发生额都登入该账页，至月末最后一笔时，进行月结，核算借方、贷方合计额以及月末余额。

与日记账不同的是，三栏式明细账需要在余额前面的“借或贷”一列填写余额的方向，如果最后是借方余额就填写“借”，反之就填写“贷”。如果余额为零，这常见于损益类科目，应填写“平”。现金和银行存款日记账不需要填写“借或贷”，是因为它们的余额一般都在借方。

7.1.2 数量金额式明细账的登记方法——库存商品明细账

数量金额式明细账的填写方法其实类似于上文的三栏式，只是其借贷方不仅需要填写金额还需要根据采购单、成本计算表等填写相应的数量和金额（表 7-9）。

7.1.3 一步一步来——明细账登记步骤简要总结

大宝根据填写了这么多明细账的经历总结了一下主要步骤：

（1）首先确定这次需要登记的是哪个明细账。

（2）从每个月的第一张记账凭证开始翻阅，只要本次需要填写的科目就进行登记，不要忘了在登记完毕的那一行打勾。

（3）直到本月所有记账凭证都登记结束后，进行月结，计算出借贷双方的合计额及月底余额，并注明“借”“贷”“平”。

7.2 记账好工具——T 字账和科目汇总表

大宝前一天晚上加班到 9 点才回家，喊着手工做账真是累死了。第二天一大早又精神满满地来了，准备找肖哥邀功接受一下表扬。肖哥确实表扬了一下她，不过又接着告诉她：“这只是我们月末长征路的第一步，下一步我们还要先做 T 字账，它可是手工记账过程中非常重要的一步，因为我们需要根据它来做科目汇总表，才能最后完成登记总账的工作。”

表7–9　销售成本数量金额式明细账页填写样本

月	日	进价	调拨价	批发价	零售价

库存商品明细分类账

产地________ 单位__件__ 规格________ 品名__乙__

最高存量	
最低存量	

总第______页
分第______页
编号______页

2002年		凭证		摘要	借方											贷方											余额											√
					数量	单价	金额									数量	单价	金额									数量	单价	金额									
月	日	字	号				百	十	万	千	百	十	元	角	分			百	十	万	千	百	十	元	角	分			百	十	万	千	百	十	元	角	分	
6	1			期初余额																							3000	150		4	5	0	0	0	0	0	0	
	30		38	结转销售成本												1500	150		2	2	5	0	0	0	0	0	1500	150		2	2	5	0	0	0	0	0	

7.2.1 打个草稿——登记T字账

“首先要将你昨天按顺序整理好的记账凭证拿出来，然后再拿几张白纸，从第一张记账凭证开始，只要出现一个新的会计科目就在白纸上画一个 T 字账，同时将凭证上的发生额记在对应的借方或贷方下面。”肖哥开始给大宝讲解。

“再给你说个我们的习惯做法，你在 T 字账上登记金额时先在左边记下相应的凭证号，这样便于你对应查错。而且在白纸上画 T 字账，按照从左到右、从上到下的顺序，不要随意画。”肖哥知道大宝做事粗枝大叶的，就细心地叮嘱了她几句。

“我先给你做一个，你一看就学会了。”肖哥拿起第 1 号凭证，是记录公司实收资本的业务，会计分录如下：

借：银行存款　　250 000
　贷：实收资本——孙老板　　200 000
　　资本公积——资本溢价　　50 000

对应这张凭证生成 T 字账（图 7-1）。

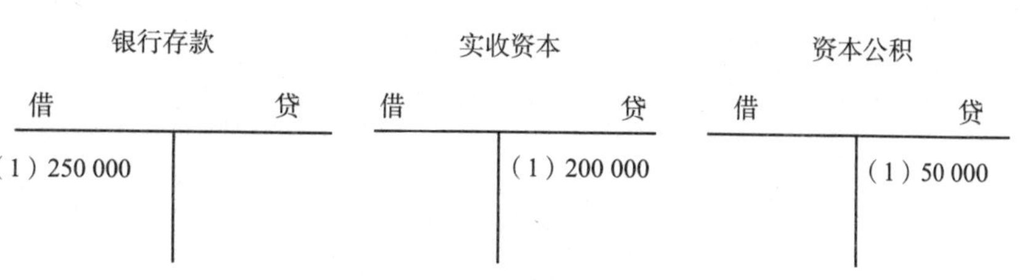

图7-1　登记实收资本业务的T字账

“你在熟悉了之后，表示借贷方向的字样可以不写，T 字账左侧为借，右侧为贷，这是约定俗成的。”肖哥做完第 1 号凭证后，把剩下的凭证都交给了大宝。

大宝花了整个上午的时间，把本月所有科目的 T 字账都做好了。她拿着画满了 T 字账的纸找到肖哥，“登记完了还有很重要的两步，你首先要分别计算一下每个科目的借方累计发生额、贷方累计发生额，记录在借方和贷方的下面，这个金额你用一条横线和上面的金额隔开。最后你要进行试算平衡，把所有科目的借方合计金额相加，再将所有科目的贷方合计金额相加。根据有借必有贷、借贷必相等的记账原理，这两个合计额应该相等，否则就是发生了记账错误：不是记账凭证上借贷不等，就是你在移到 T 字账时抄错数字了。”

大宝听了之后拿起计算器，小心地算了起来，过了一会，她兴高采烈地说：“肖哥，所有科目的借方合计额和贷方合计数都相等了。”

7.2.2　打完草稿誊表上——根据T字账登记科目汇总表

“嗯，第一次做就这么准确细心，不错。”肖哥总是适时地称赞一下大宝，“接下来，你要把 T 字账上每个科目的借贷方合计数抄到科目汇总表上。”

“科目汇总表？”大宝又发现了新大陆。

“是的，‘科目汇总表（表 7-10）’又叫‘记账凭证汇总表’，我们根据实际情况，一个月汇总一次或者一个月汇总多次都行，我们公司目前业务有限，一个月汇总一次就行。”肖哥边说边拿给大宝一个表格，这是肖哥提前做好的。

“你第一次填这个表格，我给你讲一下怎么填写。首先是日期，因为我们通常是一个月登记一次，所以日期一般是一个月的最后一天，所以你应该填写 6 月 30 日。右上方的这个序号，是登记总账时会用到的序号，如果是今年的第 1 月就填写‘汇字第 1 号’，第 2 月则填写‘汇字第 2 号’，这个月你就应该填写‘汇字第 6 号’。接下来就得根据 T 字账填写会计科目，你要按照资产、负债、所有者权益、收入、费用的顺序把会计科目登记到汇总表中。然后再将科目对应的借方、贷方合计数对应登记到汇总表中。最后像 T 字账一样，你在汇总表的最后一行‘合计’栏中，分别结计出借、贷方合计数，进行试算平衡。”肖哥耐心地讲解。

表7-10　科目汇总表

科目汇总表

汇字第　　号

年　月　日至　年　月　日　记账凭证：　字第　号至第　止

会计科目	记账√	借方										贷方										会计科目	记账√	借方										贷方									
		千	百	十	万	千	百	十	元	角	分	千	百	十	万	千	百	十	元	角	分			千	百	十	万	千	百	十	元	角	分	千	百	十	万	千	百	十	元	角	分
合计																						合计																					
																						借贷方平衡总记																					

会计主管：　　记账：　　复核：　　编制：

7.3　日清月结更清晰——期末损益结转

大宝越干越卖力，很快就填完了，但她发现一个问题："肖哥，为什么科目汇总表中'本年利润'一栏是空的，这是怎么回事，是我填错了吗？"

肖哥看了看大宝的 T 字账，不由地笑了："别紧张，你没有做错什么，只是少做了一步，在正式登记科目汇总表和总账之前，你还应该做一步期末损益结转，把所有收入、成本和费用全部结转到'本年利润'账务中才行。"

"结转损益？"大宝又犯难了。

"对，但是首先你要分清哪些是属于损益类的科目。这个你在建账的时候已经接触过了，我再给你重复一遍，以后要记住了。"肖哥真是很耐心啊。

7.3.1　每日收与支——损益类科目

损益类科目主要有四种：收入类、成本类、费用类和税金类，其中后三种也统称为费用，收入类包括主营业务收入、其他业务收入、投资损益、营业外收入、公允价值变动损益以及资产价值损失等，成本类包括主营业务成本、其他业务成本、营业外支出。费用类包括三大期间费用：管理费用、销售费用和财务费用。税金类的就是各种税金及附加、所得税费用。

"这些就是损益类科目了，之前建账的时候给你讲过，损益类科目期末最终是没有余额的，当时你还不知道怎么回事，今天你的工作就是结转它们的期末余额。"肖哥讲道。

7.3.2　将损益类科目结转到哪里——本年利润

"但是，肖哥，损益类科目到底要结转到哪里呀？"大宝很快就找到了问题的关键点。

"月末，所有损益类科目均需要将本月发生额结转到'本年利润'账户中，结转之后本期就无余额了。结转的方法是收入类贷方发生额从借方结转到'本年利润'的贷方，费用类借方发生额从贷方结转到'本年利润'的借方。"肖哥讲道。

肖哥的解释大家看明白了吗？具体方法如下：

1. 收入类

收入类损益结转的会计分录应为：

借：主营业务收入
　　其他业务收入
　　投资收益
　　营业外收入
　　公允价值变动损益
　贷：本年利润

其中，投资收益、公允价值变动损益和资产减值损失的核算有些特殊，当投资发生损失时，发生额是在借方，结转损益时，应由贷方转入本年利润的借方。

借：本年利润
　贷：投资收益
　　　公允价值变动损益
　　　资产减值损失

2. 费用类

费用类结转的会计分录为：

借：本年利润
　贷：主营业务成本等
　　　三大期间费用
　　　各种税金及附加
　　　所得税费用

“为了核算方便，除去投资收益外，如果其他类型的收入发生了退款，我们一般是以红字在贷方冲减收入，而不是计到借方，这样就可以保证收入的累计额是正确的，并且在期末结转前借方无其他的发生额，也便于生产利润表。同样，对于成本费用类减少的情况，就应该用红字记录在借方以示冲减，而不要计入贷方。”肖哥最后又叮嘱大宝。

大宝恍然大悟：“哦，怪不得财务费用中的利息收入我们要红字记在借方。”

大宝做完所有的结转后编写记账凭证（表 7-11）。

表7-11 本月19号记账凭证

记 账 凭 证

2020 年 3 月 31 日第 19 号

摘要	会计科目		借方金额										贷方金额										账页或√
	总账科目	明细科目	千	百	十	万	千	百	十	元	角	分	千	百	十	万	千	百	十	元	角	分	
结转本月成本费用	本年利润	直达公司				5	7	3	4	1	5	7											
结转本月成本	主营业务成本	乙产品														2	2	1	4	7	0	0	
结转本月税金	税金及附加	应交增值税																		2	9	7	
结转本月管理费用	管理费用															2	8	3	6	7	5	0	
结转本月销售费用	销售费用																8	6	0	5	0	9	
结转本月财务费用	财务费用															–	1	7	8	1	0	8	
合计					¥	5	7	3	4	1	5	7			¥	5	7	3	4	1	5	7	

会计主管：　　　　记账：　　　　审核：　　　　制单：

通常情况下，收入和费用是分两张凭证进行结转的，收入结转的凭证（表 7-12）。

表7-12　本月20号记账凭证

记 账 凭 证

2020 年 3 月 31 日第 20 号

摘要	会计科目		借方金额										贷方金额										账页或√
	总账科目	明细科目	千	百	十	万	千	百	十	元	角	分	千	百	十	万	千	百	十	元	角	分	
结转本月收入	主营业务收入					3	7	1	8	9	7	4											
结转本月收入	本年利润															3	7	1	8	9	7	4	
合计					¥	3	7	1	8	8	7	4			¥	3	7	1	8	8	7	4	

会计主管：　　记账：　　审核：　　制单：

7.3.3　补充登记T字账和科目汇总表

“经过上述结转后，多了一个‘本年利润’科目，你要把这个科目的 T 字账加上去，记录上借贷方发生额，同时将损益类科目的反方向结转额也登记到原来的 T 字账上，这样 T 字账就完整了。”肖哥对大宝说。

大宝很快就把损益类科目的 T 字账补充完整了。以管理费用为例，我们来看一下她做的吧（图 7-2、图 7-3）。

管理费用

借方	贷方
（4）550	28 367.59
（6）11 000	28 367.59
（10）2 568	
（17）236.3	
（19）4 280.32	
（26）260	
（27）1 706	
（30）517.57	
（31）7 249.4	
28 367.59	

图7–2　损益结转后补充登记的管理费用T字账

本年利润

借方	贷方
54 341.57	37 189.74
54 341.57	37 189.74

图7–3　损益结转后补充登记的本年利润T字账

根据补充登记完整的 T 字账，将科目汇总表登记出来就行了。

在肖哥的指导下，大宝顺利地做完了损益的结转，我们再来总结一下这个工作的流程。

（1）先做 T 字账，分别结出收入类各科目的贷方发生额合计、费用类等科目的借方发生额合计。

（2）填写将收入结转到“本年利润”贷方的记账凭证。

（3）填写将费用结转到“本年利润”借方的记账凭证。

（4）补充登记 T 字账。

（5）出科目汇总表。

7.4　由繁到简，一目了然——根据科目汇总表登记总账

肖哥见大宝的科目汇总表已经搞定了，“你再来登记总账吧，这一步很简单，你只要将各科目借方、贷方有发生额的，分别记入总账中该科目的借方、

贷方，并结出该科目的期末余额就行。”

“先准备好你的本月科目汇总表。”肖哥准备先给大宝示范一个科目的填法。

“比方说‘银行存款’这个科目，按照总分类账前面的索引，翻到这个会计科目所在的页，‘库存现金’在第3-4页。‘科目名称’处在第一次使用时就已经写上了‘银行存款’，第1行通常会登记上年结转余额，从第2行开始从左到右依次登记。日期，是每个月的月末，摘要栏，登记所依据的科目汇总表序号，例如1月的汇总表为第1号，根据1月汇总表登记时摘要栏可以填写‘汇字第1号’。接下来借贷方根据科目汇总表如实填写就行，然后在下一行进行月结，在摘要栏里用红笔登记‘本月合计’，将上方的借贷金额抄在合计行上。然后计算出结余金额并登记在合计行右侧的余额栏中，‘银行存款’是资产类账户，其余额的计算方法为期初余额加上本月借方发生额减去本月贷方发生额。然后在月结行下边划通栏单红线表示月结完毕。这就是‘银行存款’总账的登记结果了（表7-13）。

看了肖哥的处理，还没等肖哥继续讲下去，大宝就抢过总账，“肖哥不用担心了，剩下的我来处理吧。”

大宝很快就过完了所有科目，她把总账拿给肖哥看，肖哥翻到管理费用的总账页，说：“大宝，你每次都那么心急，我刚才还没讲完，你看看你做的和以前几个月有什么不同？”

大宝这才发现前几个月的“本月合计”行下面都有个“本年累计”。

“对于损益类科目，我们都在月结行下面增加一行‘本年累计’行，填写自年初至本月的全年累计额，这样便于我们填制利润表，而且累计行下方同样要划一条通栏红线。你看看这个本年累计应该怎么算？”

大宝看了看前几个月的数字，很快就反应过来，“是不是等于上个月的本年累计加上这个月的本月合计额啊？”

肖哥点点头，“赶紧把损益类科目补全了。”

大宝补齐了损益类科目的总账，我们以管理费用为例看看吧（表7-14）。

上述我们讲的通过科目汇总登记总账的财务处理过程叫“科目汇总表账务处理程序”。

表7-13 根据科目汇总表登记“银行存款”总账

总 分 类 账

科目名称 银行存款

2014年		凭证编号	摘要	借方											贷方											借或贷	余额										
月	日			亿	千	百	十	万	千	百	十	元	角	分	亿	千	百	十	万	千	百	十	元	角	分		亿	千	百	十	万	千	百	十	元	角	分
1	1		上年结转																							借						8	5	8	4	5	9
1	31		汇字第1号				2	4	9	0	6	8	3	0					6	6	8	6	0	1	0												
			本月合计				2	4	9	0	6	8	3	0					6	6	8	6	0	1	0	借				1	9	0	7	9	2	7	9

表7-14　根据科目汇总表登记“管理费用”总账

总　分　类　账

科目名称　管理费用

2014年		凭证编号	摘要	借方											贷方											借或贷	余额										
月	日			亿	千	百	十	万	千	百	十	元	角	分	亿	千	百	十	万	千	百	十	元	角	分		亿	千	百	十	万	千	百	十	元	角	分
1	31		汇字第1号					2	8	3	6	7	5	9					2	8	3	6	7	5	9												
			本月合计					2	8	3	6	7	5	9					2	8	3	6	7	5	9	平									0		
			本年累计					2	8	3	6	7	5	9					2	8	3	6	7	5	9												
2	28		汇字第2号					2	9	6	1	0	9	7					2	9	6	1	0	9	7												
			本月合计					2	9	6	1	0	9	7					2	9	6	1	0	9	7	平									0		
			本年累计					5	7	9	7	8	5	6					5	7	9	7	8	5	6												

账务处理程序也称会计核算组织程序，是指对会计数据的记录、归类、汇总、陈报的步骤和方法。即从原始凭证的整理、汇总，记账凭证的填制、汇总，日记账、明细分类账的登记，到会计报表的编制的步骤和方法。

1. 账务处理的基本模式

账务处理程序的基本模式可以概括为：原始凭证—记账凭证—会计账簿—会计报表。

账务处理程序的选择要与本单位的业务性质、规模大小、繁简程度、经营管理的要求和特点等相适应，有利于加强会计核算工作的分工协作，有利于实现会计控制和监督目标。账务处理程序要能正确、及时、完整地提供会计信息使用者需要的会计核算资料。账务处理程序要在保证会计核算工作质量的前提下，力求简化核算手续，节约人力和物力，降低会计信息成本，提高会计核算的工作效率。

2. 常用的账务处理程序

常用的账务处理程序主要有记账凭证账务处理程序、汇总记账凭证账务处理程序、科目汇总表账务处理程序、多栏式日记账务处理程序和日记总账账务处理程序。

（1）记账凭证账务处理程序。

记账凭证账务处理程序是指对发生的经济业务事项，都要根据原始凭证或汇总原始凭证编制记账凭证，然后直接根据记账凭证逐笔登记总分类账的一种账务处理程序。它是基本的账务处理程序，其一般程序是：

①根据原始凭证编制汇总原始凭证。

②根据原始凭证或汇总原始凭证，编制记账凭证。

③根据收款凭证、付款凭证逐笔登记现金日记账和银行存款日记账。

④根据原始凭证、汇总原始凭证和记账凭证，登记各种明细分类账。

⑤根据记账凭证逐笔登记总分类账。

⑥期末，现金日记账、银行存款日记账和明细分类账的余额同有关总分类账的余额核对相符。

⑦期末，根据总分类账和明细分类账的记录，编制会计报表。

⑧根据会计报表资料进行会计分析。

（2）汇总记账凭证账务处理程序。

汇总记账凭证账务处理程序是根据原始凭证或汇总原始凭证编制记账凭证，定期根据记账凭证分类编制汇总收款凭证、汇总付款凭证和汇总转账凭证，再根据汇总记账凭证登记总分类账的一种账务处理程序。其一般程序是：

①根据原始凭证编制汇总原始凭证。

②根据原始凭证或汇总原始凭证，编制记账凭证。

③根据收款凭证、付款凭证逐笔登记现金日记账和银行存款日记账。

④根据原始凭证、汇总原始凭证和记账凭证，登记各种明细分类账。

⑤根据各种记账凭证编制有关汇总记账凭证。

⑥根据各种汇总记账凭证登记总分类账。

⑦期末，现金日记账、银行存款日记账和明细分类账的余额同有关总分类账的余额核对相符。

⑧期末，根据总分类账和明细分类账的记录，编制会计报表。

⑨根据会计报表资料进行会计分析。

（3）科目汇总表账务处理程序。

科目汇总表账务处理程序又称记账凭证汇总表账务处理程序，它是根据记账凭证定期编制科目汇总表，再根据科目汇总表登记总分类账的一种账务处理程序。其一般程序是：

①根据原始凭证编制汇总原始凭证。

②根据原始凭证或汇总原始凭证编制记账凭证。

③根据收款凭证、付款凭证逐笔登记现金日记账和银行存款日记账。

④根据原始凭证、汇总原始凭证和记账凭证登记各种明细分类账。

⑤根据各种记账凭证编制科目汇总表。

⑥根据科目汇总表登记总分类账。

⑦期末，现金日记账、银行存款日记账和明细分类账的余额同有关总分类账的余额核对相符。

⑧期末，根据总分类账和明细分类账的记录，编制会计报表。

（4）多栏式日记账务处理程序特点。

根据收款凭证和付款凭证逐日登记多栏式现金日记账和多栏式银行存款

日记账，然后根据它们登记总分类账。

（5）日记总账账务处理程序。

日记总账账务处理程序是将日记账和总分类账结合起来，设置一本联合的账簿，称为日记总账，并将所有经济业务都登记在日记总账上。

7.5 认真检查，认真核对——对账

加了几天班总算工作都搞定了，看着桌上的各种账簿，大宝心里美滋滋的，“肖哥，明细账、总账都登记完了，月结也做完了，我们是不是可以出报表了？”

“那可不行，我们还有很重要的一步，那就是对账，所有账目都要对上了才可以出报表。”肖哥很坚决地说。

7.5.1 现金要对账——库存现金与日记账的对账

“首先，我们要对现金。你马上打开保险柜，数一数手里还有多少钱？”肖哥说道。

大宝赶紧从保险柜里取出所有钱，认认真真地数了起来，“3 843.53 元！”大宝大声宣布。

“你再看看现金日记账上的余额。”肖哥说道。

大宝看了一下，傻眼了，“肖哥，账上还有 5 843.53 元，为什么保险柜里少了 2 000 元钱啊？”

“怎么办？现金少了你负责吧。”肖哥严肃地对大宝说。

大宝吓得脸都白了，“我来实习一个月就 800 块钱，我还不起呀。”

“别着急，咱们先对别的。少了钱不一定是丢了或者给别人错了，看看有没有记错的地方，首先看看银行现金有记混的地方吗？”肖哥说道。

7.5.2 与银行对账——银行对账单

大宝立马拿出银行存款日记账，可她又犯了难，“存在银行的钱我又看不到，怎么看和账上是不是一样啊？”她一着急就犯糊涂了。

“银行对账单啊，你昨天不是刚去开户行打印了嘛，怎么一着急就糊涂了

呢。”肖哥提醒大宝。

大宝赶紧拿出昨天带回来的银行对账单，一看，果然两者的余额真对不上，可是也不是刚好差 2 000 元钱。

“你一笔一笔对，看看到底错在哪里了？”肖哥对大宝说。

1. 如何核对银行对账单和日记账

“你打开银行存款日记账，把银行的对账单放在旁边，从日记账的第一笔业务开始，在对账单上找相应的收入或支出，找到了就在日记账和对账单上标记一下，打个‘√’，最后再处理一下不同的地方。”肖哥指导着大宝。

大宝瞪大了眼睛，认真对起来，这可是关系到她这个月的工资啊。终于功夫不负有心人，她最后发现了 3 处不同的地方，于是把它们列出来了（表 7-15）。

表7-15　对账中发现的银行存款日记账和银行对账单的差异

序号	发生日期	银行存款日记账	银行对账单
1	1 月 5 日	支出 2 000 元	没有记录
2	1 月 31 日	没有记录	收入 8 000 元
3	1 月 31 日	转账支票付 5 000 元	没有记录

大宝拿着自己发现的差异高兴地对肖哥说：“肖哥，果然有一笔钱记到了银行账上，我不用赔钱了。”

肖哥说：“刚才跟你开玩笑的，就是要你记住，做出纳一定要认真，你找到那张凭证，看看原始凭证，是不是自己记错了。”

“我按照凭证号找出了那份记账凭证，发现凭证后面的支出凭单上盖着鲜红的“现金付讫”戳记，但是我的记账凭证上却记成了‘贷：银行存款 2 000’。我对自己犯的这种低级错误后悔不已。”

“知道自己平时多马虎了吧。而且我们平时记录银行存款日记账时要尽量按业务发生日期的顺序来记，这样我们和银行对账单核对时顺序一致，比较容易。”肖哥提醒大宝。

2. 对未达账项进行调整

“可是，肖哥，还有两笔业务对不上啊？”大宝看着自己列出的单子说。

“这就是我之前给你讲的‘未达账项’了，这不属于记账错误，我们需要进行余额调节，如果调节后结果一致了，对账就通过了。还记得我之前给你讲的怎样进行调节吗，你自己试着做一下。”肖哥说。

大宝点点头，开始做了起来，不一会就做完了（表7-16）。

表7-16　银行存款余额调节表

项目	金额	项目	金额
企业银行存款日记账余额	476 899.68	银行对账单余额	491 899.68
加上错误支出的：	2 000		
加：银行已收企业未收款	8 000	加：企业已收银行未收款	0
减：银行已付企业未付款		减：企业已付银行未付款	5 000
调节后的存款余额	486 899.68		486 899.68

主管：　　　　　　会计：　　　　　　出纳：

经过以上调节，银行存款日记账的余额也对上了，大宝长舒一口气。

7.5.3　账账相符才平衡——总账和明细账核对

“刚才我们核对了库存现金和银行存款，这属于账实核对，还有账账核对，就是核对总账和明细账。”肖哥又给大宝安排了新的任务。

“那我需要核对哪些内容呢？”大宝不解地问。

“其实账账核对的内容有很多，但是对于我们这种小型企业，你只要核对一下总账各个科目的借、贷方发生额，余额与明细账相应科目的借、贷方发生额合计数，余额的合计数是否一致。其实需要核对的项目还有很多，但是现金、银行存款及总账和明细账这些简单的核对对于我们小企业来说就足够了。”肖哥说。

7.5.4 理论知识链接

在日常的会计工作中，难免会发生各种差错或账实不符的情况。为了保证会计记录的正确性，有必要进行对账。

对账就是核对账目，是指在会计核算中，为保证账簿记录正确可靠，对账簿中的有关数据进行检查和核对的工作。

7.5.5 认真核对更准确——对账的内容

账证核对，是根据各种账簿记录与记账凭证及其所附的原始凭证进行核对，核对会计账簿记录与原始凭证、记账凭证的时间、凭证字号、内容、金额是否一致，记账方向是否相符。

账账核对，是指对各种账簿之间的有关数字进行核对。核对不同会计账簿记录是否相符。包括：总账有关账户的余额核对；总账与明细账核对。总账与日记账核对；会计部门的财产物资明细账与财产物资保管和使用部门的有关明细账核对等。

账实核对，是指各种财产物资的账面余额与实存数额相互核对。核对会计账簿记录与财产等实有数额是否相符。包括：现金日记账账面余额与现金实际库存数核对；银行存款日记账账面余额与银行对账单核对；各种财产物资明细账账面余额与财产物资实存数额核对；各种应收、应付款明细账账面余额与有关债务、债权单位或者个人核对等。

7.6 知错就改——错账更正方法

大宝对于自己发现的3处差异，一直不知如何处理，她忍不住又向肖哥请教。

“未达账项并不是记账错误，只是由于时间上的差异造成的，时间到了差异自然就消失了，所以未达账项不用调整。但是，记账错误就必须得更正，需要进行调账。”肖哥解释说。

“那么，这笔错账如何更改呢？”大宝脑子里一点头绪也没有。

“更改错账的方法有三种，我正好借此机会给你说一下。”肖哥讲道。

大宝一听，她又要用更多时间来学习了。

7.6.1 简单粗暴的更正法——划线更正法

“划线更正法又称为红线更正法，这种方法是将错误的文字或数字用一条红色横线全部予以注销，在划线文字或数字的上方用蓝字将正确的文字或数字填写在同一行的上方位置，并由更正人员在更正处签章。”肖哥继续说。

“那什么样的错误可以用这种方法改呢？”大宝边记边问。

“这种方法适用于在每月结账前，发现账簿记录中的文字或数字有错误，而其所依据的记账凭证没有错误，即纯属记账时笔误或计算错误。比方说，凭证上写的是 300 块，记账时笔误写成了 3 000 块，那么只需要在记账错误的文字或数字处用红笔划掉，然后在上面用蓝字写上正确的内容就行了。这下你明白为什么让你在登账时只占用下半格了吧，上半格就是用来以防万一改错用的。”肖哥继续说。

大宝恍然大悟连连点头，“原来是这样啊。”

7.6.2 红色表示相减——红字更正法

“红字更正法又叫红字冲销法，它是用红字冲销原有记录后再予以更正的方法。这种方法主要适用于两种情况，第一，根据记账凭证记账以后，发现记账凭证中的应借、应贷会计科目或记账方向有错误，而账簿记录与记账凭证是相吻合的；第二，根据记账凭证记账以后，发现记账凭证中应借、应贷会计科目和记账方向都正确，只是所记金额大于应记金额并据以登记账簿。”肖哥继续说。

“啊，我今天发现的错误就属于第一种情况，记账凭证的应贷会计科目写错了，是不是？”大宝很快就反应过来了。

“对，像这种情况就应该用红字更正法了。”肖哥说着指导大宝开始更正。

“首先我们要找出那张错误的记账凭证。”肖哥继续说。

大宝早就翻出来了，是 2 月 5 日的第 9 号凭证，内容是交物业费。

“用红字填制一张与原来的错误凭证内容完全相同的记账凭证，以冲销原有的错误凭证。日期填写 3 月 1 日，凭证号就是第 1 号，摘要栏里填写‘冲销 2 月 5 日 9# 错误凭证’，用红笔在借贷栏里填写原来错误的金额数字，当然在实务中，我们更多的是用负数来代替红字。”肖哥继续说。

这个过程用会计分录表示为：

借：管理费用——物业费　　2 000

　贷：银行存款　　2 000

大宝按照肖哥说的做了一张记账凭证（表 7-17）。

表7-17　负数冲销错误凭证

记 账 凭 证

2020 年 3 月 1 日第 1 号

摘要	会计科目		借方金额										贷方金额										账页或√
	总账	明细账	千	百	十	万	千	百	十	元	角	分	千	百	十	万	千	百	十	元	角	分	
冲销 2 月 5 日 9# 错误凭证	管理费用	物业费				—	2	0	0	0	0	0											
	银行存款															—	2	0	0	0	0	0	
					¥	—	2	0	0	0	0	0			¥	—	2	0	0	0	0	0	
合计						¥	1	4	9	8	0	0				¥	1	4	9	8	0	0	

会计主管：　　记账：　　审核：　　制单：

“同时，你要做一张正确的凭证（表 7-18），日期也写 3 月 1 日，凭证号是第 2 号。”肖哥说。

表7-18 蓝字补记正确凭证

记 账 凭 证

2020年3月1日第2号

摘要	会计科目		借方金额										贷方金额										账页或√
	总账	明细账	千	百	十	万	千	百	十	元	角	分	千	百	十	万	千	百	十	元	角	分	
更正2月5日9#错误凭证	管理费用	物业费					2	0	0	0	0	0											
	库存现金																2	0	0	0	0	0	
合计						¥	2	0	0	0	0	0				¥	2	0	0	0	0	0	

会计主管：　　　记账：　　　审核：　　　制单：

大宝改完后，肖哥说："你第一次更改错账，所以我教你最基本的方法，但对于一个熟练的会计人员来说，这种只是会计科目用错，金额登记完全正确的错误，可以用更简单的方法来更正。一般会这样做：

借：银行存款　　　　-2 000

　贷：库存现金　　　　2 000

相应的记账凭证（表 7-19）。

表7-19　简单的更正方法

记 账 凭 证

2020 年 3 月 1 日第 1 号

摘要	会计科目		借方金额										贷方金额										账页或√
	总账	明细账	千	百	十	万	千	百	十	元	角	分	千	百	十	万	千	百	十	元	角	分	
冲销 2 月 5 日 9# 错误记录	银行存款															—	2	0	0	0	0	0	
更正 2 月 5 日 9# 错误记录	库存现金																2	0	0	0	0	0	
合计																			¥	0			

会计主管：　　　　记账：　　　　审核：　　　　制单：

至此，大宝的错账就更正完了，我们总结一下红字更正法的步骤：

对于第一种情况，根据记账凭证所记录的内容记账以后，发现记账凭证中的应借、应贷会计科目或记账方向有错误，且记账凭证同账簿记录的金额相吻合，应采用红字更正。更正的方法如下：

（1）先用红字填制一张与原错误记账凭证内容完全相同的记账凭证，并据以用红字登记入账，冲销原有错误的账簿记录。

（2）再用蓝字或黑字填制一张正确的记账凭证，并据以用蓝字或黑字登记入账。

对于第二种情况，根据记账凭证所记录的内容记账以后，发现记账凭证中应借、应贷的会计科目和记账方向都没有错误，记账凭证和账簿记录的金额也吻合，只是所记金额大于应记的正确金额，应采用红字更正。更正的方法是将多记的金额用红字填制一张与原错误记账凭证所记载的借贷方向、应借、应贷会计科目相同的记账凭证，并据以登记入账，以冲销多记金额，求得正确金额。

更正完以后，大宝接着听肖哥讲第三种更正的方法。

7.6.3　少什么，补什么——补充登记法

“补充登记又称蓝字补记。根据记账凭证所记录的内容记账以后，发现记账凭证中应借、应贷的会计科目和记账方向都没有错误，记账凭证和账簿记录的金额也吻合，只是所记金额小于应记的正确金额，应采用补充登记法。更正的方法是将少记的金额用蓝字或黑字填制一张与原错误记账凭证所记载的借贷方向、应借、应贷会计科目相同的记账凭证，并据以登记入账，以补记少记金额，求得正确金额。”肖哥说。

“哦，我明白了，多记了用红字更正，少记了用补充登记，是吧。”大宝自己做出了总结。

“是，你可以这么记，我给你举个例子。”肖哥说。

用银行存款 40 000 元购买原材料，在填制记账凭证时，误记金额为 4 000 元，但会计科目、借贷方向均无错误，其错误记账凭证所反映的会计分录为：

借：原材料　　4 000
　贷：银行存款　　4 000

在更正时，应用蓝字或黑字编制如下记账凭证进行更正：

借：原材料　　36 000
　贷：银行存款　　36 000

第8章 报表编制那些事

终于要到出报表的时候了，虽然前几天加班王马虎已经筋疲力尽了，但是一听到“财务报表”，瞬间觉得自己干的活高大上了，她主动要求填写报表，康会计把几张空白表格递给她：“不怕难？”

“这有什么，前面的工作您不是说我做得很好嘛，我都熟悉了，这点事难不倒我。”王马虎很有自信地说。

不过，当她打开资产负债表后，只看了一眼就后悔了，“康会计，我错了，第一个项目‘货币资金’我就没见过呀？财务报表不是根据会计科目填写的吗？”

8.1 会计科目“变身”报表项目

8.1.1 公司里面有什么——资产负债表

“轻敌了吧，财务报表里面学问多着呢，首先报表的项目和会计科目就并不完全一致，我先给你讲一下它们之间到底有什么关系。”康会计说。

资产负债表的每一行内容都是一个项目（表 8-1）。

表8-1 资产负债表

编制单位： 年 月 日 单位：元

资产	期末余额	年初余额	负债和所有者权益（或股东权益）	期末余额	年初余额
流动资产：			流动负债：		
货币资金			短期借款		
交易性金融资产			交易性金融负债		

续表

资产	期末余额	年初余额	负债和所有者权益（或股东权益）	期末余额	年初余额
衍生金融资产			衍生金融负债		
应收票据			应付票据		
应收账款			应付账款		
应收款项融资			预收款项		
预付款项			合同负债		
其他应收款			应付职工薪酬		
存货			应付税费		
合同资产			其他应付项		
持有待售资产			持有待售负债		
一年内到期的非流动资产			一年内到期的非流动负债		
其他流动资产			其他流动负债		
流动资产合计			流动负债合计		
非流动资产：			非流动负债：		
债券投资			长期借款		
其他债券投资			应付债券		
长期应收款			其中：优先股		
长期股权投资			永续债		
其他权益工具投资			租赁负债		
其他非流动金融资产			长期应付款		
投资性房地产			预计负债		
固定资产			递延收益		
在建工程			递延所得税负债		
生产性生物资产			其他非流动负债		
油气资产			非流动负债合计		

续表

资产	期末余额	年初余额	负债和所有者权益（或股东权益）	期末余额	年初余额
使用权资产			负债合计		
无形资产			所有者权益（或股东权益）：		
开发支出			实收资本（或股本）		
商誉			其他权益工具		
长期待摊费用			其中：优先股		
递延所得税资产			永续债		
其他非流动资产			资本公积		
非流动资产合计			减：库存股		
			其他综合收益		
			专项储备		
			盈余公积		
			未分配利润		
			所有者权益（或股东权益）合计		
资产总计			负债和所有者权益（或股东权益）总计		

康会计指着资产负债表说："资产负债表各项目均需填列'期末余额'和'上年年末余额'两栏。资产类项目主要根据有关资产类账户的借方余额填列，负债和所有者权益类项目主要根据有关负债类账户和所有者权益类账户贷方余额填列。其具体填列方法归纳起来有5种情况。"

5种！怎么会计这么麻烦，王马虎心里抱怨着，但是还是竖起耳朵认真地听康会计讲。

资产负债表的"上年年末余额"栏内各项数字，应根据上年年末资产负债表的"期末余额"栏内所列数字填列。如果上年度资产负债表规定的各个项目的名称和内容与本年度不一致，应按照本年度的规定对上年年末资产负债表各项目的名称和数字进行调整，填入本表“上年年末余额”栏内。

资产负债表的“期末余额”栏主要有以下几种填列方法。

1. 根据总账科目余额填列

如“短期借款”“资本公积”等项目，根据“短期借款”“资本公积”各总账科目的余额直接填列；有些项目则需根据几个总账科目的期末余额计算填列，如“货币资金”项目，需根据“库存现金”“银行存款”“其他货币资金”三个总账科目的期末余额的合计数填列。

2. 根据明细账科目余额计算填列

如“应付账款”项目，需要根据“应付账款”和“预付账款”两个科目所属的相关明细科目的期末贷方余额计算填列；“预付款项”项目，需要根据“应付账款”科目和“预付账款”科目所属的相关明细科目的期末借方余额减去与“预付账款”有关的坏账准备贷方余额计算填列；“预收款项”项目，需要根据“应收账款”科目和“预收账款”科目所属相关明细科目的期末贷方金额合计填列；“开发支出”项目，需要根据“研发支出”科目中所属的“资本化支出”明细科目期末余额计算填列；“应付职工薪酬”项目，需要根据“应付职工薪酬”科目的明细科目期末余额计算填列；“一年内到期的非流动资产”“一年内到期的非流动负债”项目，需要根据相关非流动资产和非流动负债项目的明细科目余额计算填列；“未分配利润”项目，需要根据“利润分配”科目中所属的“未分配利润”明细科目期末余额填列。

3. 根据总账科目和明细账科目余额分析计算填列

如“长期借款”项目，需要根据“长期借款”总账科目余额扣除“长期借款”科目所属的明细科目中将在一年内到期且企业不能自主地将清偿义务展期的长期借款后的金额计算填列；“其他非流动资产”项目，应根据有关科目的期末余额减去将于一年内（含一年）收回数后的金额计算填列；“其他非流动负债”项目，应根据有关科目的期末余额减去将于一年内（含一年）到期偿还数后的金额计算填列。

4. 根据有关科目余额减去其备抵科目余额后的净额填列

如资产负债表中“应收票据”“应收账款”“长期股权投资”“在建工程”等项目，应当根据“应收票据”“应收账款”“长期股权投资”“在建工程”

等科目的期末余额减去“坏账准备”“长期股权投资减值准备”“在建工程减值准备”等备抵科目余额后的净额填列。“投资性房地产”（采用成本模式计量）、“固定资产”项目，应当根据“投资性房地产”“固定资产”科目的期末余额，减去“投资性房地产累计折旧”“投资性房地产减值准备”“累计折旧”“固定资产减值准备”等备抵科目的期末余额，以及“固定资产清理”科目期末余额后的净额填列；“无形资产”项目，应当根据“无形资产”科目的期末余额，减去“累计摊销”“无形资产减值准备”等备抵科目余额后的净额填列。

5. 综合运用上述填列方法分析填列

如资产负债表中的“存货”项目，需要根据“原材料”“库存商品”“委托加工物资”“周转材料”“材料采购”“在途物资”“发出商品”“材料成本差异”等总账科目期末余额的分析汇总数，再减去“存货跌价准备”科目余额后的净额填列。

听康会计讲完，王马虎脑子里一团浆糊，康会计给她出了个主意：“你根据我讲的，把我们小型企业经常用到的报表项目和会计科目的对应关系做个表格出来，这样你自己总结一遍就记住了。”

还是康会计经验丰富，王马虎自己列了表格，经过康会计的指点修改，终于完成了，我们也一起来学习一下吧（表 8-2）。

表8-2　资产负债表中的报表项目与会计科目的对应关系

资产项目	反映内容	填列说明
“货币资金”	反映企业库存现金、银行结算户存款、外埠存款、银行汇票存款、银行本票存款、信用卡存款、信用证保证金存款等的合计数	根据“库存现金”“银行存款”其他货币资金”科目期末余额的合计数填列
“交易性金融资产”	反映资产负债表日企业分类为以公允价值计量且其变动计入当期损益的金融资产，以及企业持有的直接指定为以公允价值计量且其变动计入当期损益的金融资产的期末账面价值	根据“交易性金融资产”科目的相关明细科目期末余额分析填列

续表

资产项目	反映内容	填列说明
“衍生金融资产”	反映企业衍生工具形成资产的期末余额	根据“衍生金融资产”科目的期末余额填列
“应收票据”	反映企业因销售商品、提供劳务等而收到的商业汇票	根据“应收票据”科目的期末余额填列
“应收账款”	反映企业因销售商品、提供劳务等经营活动应收取的款项	根据“应收账款”和“预收账款”科目所属各明细科目的期末借方余额合计减去“坏账准备”科目中有关应收账款计提的坏账准备期末余额后的金额填列。如“应收账款”科目所属明细科目期末有贷方余额的，应在本表“预收款项”项目内填列
“应收款项融资”	反映资产负债表日以公允价值计量且其变动计入其他综合收益的应收票据和应收账款等	根据“应收票据”和“应收账款”相关科目的明细科目填列
“预付款项”	反映企业按照购货合同规定预付给供应单位的款项等	根据“预付账款”和“应付账款”科目所属各明细科目的期末借方余额合计数，减去“坏账准备”科目中有关预付款项计提的坏账准备期末余额后的金额填列。如“预付账款”科目所属各明细科目期末有贷方余额的，应在资产负债表“应付账款”项目内填列
“其他应收款”	反映企业除应收票据、应收账款、预付账款以外的其他各种应收、暂付款项。包括应收的各种赔款、罚款；应收出租包装物的押金；应向职工收取的各种垫付款项；备用金等	根据“应收利息”“应收股利”“其他应收款”的期末余额相加再减去对应的“坏账准备”的期末余额填列

续表

资产项目	反映内容	填列说明
“存货”	反映企业期末在库、在途和在加工中的各种存货的可变现净值	根据“材料采购”“原材料”“低值易耗品”“库存商品”“周转材料”“委托加工物资”“委托代销商品”“生产成本”等科目的期末余额合计，减去“受托代销商品款”“存货跌价准备”科目期末余额后的金额填列。材料采用计划成本核算，以及库存商品采用计划成本核算或售价核算的企业，还应按加或减材料成本差异、商品进销差价后的金额填列
“合同资产”	反映企业按照《企业会计准则第14号——收入》（2017年修订）的相关规定根据本企业履行履约义务与客户付款之间的关系在资产负债表中列示合同资产	根据“合同资产”科目的相关明细科目期末余额分析填列，同一合同下的合同资产和合同负债应当以净额列示，其中净额为借方余额的，应当根据其流动性在“合同资产”或“其他非流动资产”项目中填列，已计提减值准备的，还应减去“合同资产减值准备”科目中相关的期末余额后的金额填列；其中净额为贷方余额的，应当根据其流动性在“合同负债”或“其他非流动负债”项目中填列
“持有待售资产”	反映企业已签出售合同但尚未正式出售的固定资产、无形资产等	根据“持有待售资产”科目的期末余额，减去“持有待售资产减值准备”科目的期末余额后的金额填列
“其他流动资产”	反映除货币资金、短期投资、应收票据、应收账款、其他应收款、存货等流动资产以外的流动资产	根据“待处理财产损益”“应交税费”（增值税明细）、“合同取得成本”“应收退货成本”的期末余额分析填列。若期限超过一年或一个正常营业周期的，在“其他非流动资产”项目中填列，已计提减值准备的，还应减去相关减值准备科目期末余额后的金额填列

续表

资产项目	反映内容	填列说明
“债券投资”	反映资产负债表日企业以摊余成本计量的长期债权投资的期末账面价值	根据“债权投资”科目的相关明细科目期末余额，减去“债权投资减值准备”科目中相关减值准备的期末余额后的金额分析填列
“其他债券投资”	反映资产负债表日企业分类为以公允价值计量且其变动计入其他综合收益的长期债权投资的期末账面价值	根据“其他债权投资”科目的相关明细科目期末余额分析填列
“长期应收款”	反映企业融资租赁产生的应收款项和采用递延方式分期收款、实质上具有融资性质的销售商品和提供劳务等经营活动产生的应收款项	根据“长期应收款”科目余额减未实现融资损益科目余额后的净额填列
“长期股权投资”	反映企业持有的对子公司、联营企业和合营企业的长期股权投资	根据“长期股权投资”科目的期末余额，减去“长期股权投资减值准备”科目的期末余额后的金额填列
“其他权益工具投资”	反映资产负债表日企业指定为以公允价值计量且其变动计入其他综合收益的非交易性权益工具投资的期末账面价值	根据“其他权益工具投资”科目的期末余额填列
“固定资产”	反映企业各种固定资产原价减去累计折旧和累计减值准备后的净额	根据“固定资产”科目的期末余额，减去“累计折旧”和“固定资产减值准备”科目期末余额后的金额填列
“在建工程”	反映企业期末各项未完工程的实际支出，包括交付安装的设备价值、未完建筑安装工程已经耗用的材料、工资和费用支出、预付出包工程的价款等的可收回金额	根据“在建工程”科目的期末余额，减去“在建工程减值准备”科目期末余额后的金额填列
“无形资产”	反映企业持有的无形资产，包括专利权、非专利技术、商标权、著作权、土地使用权等	根据“无形资产”的期末余额，减去“累计摊销”和“无形资产减值准备”科目期末余额后的金额填列
“开发支出”	反映企业开发无形资产过程中能够资本化形成无形资产成本的支出部分	根据“研发支出”科目中所属的“资本化支出”明细科目期末余额填列

续表

资产项目	反映内容	填列说明
“长期待摊费用”	反映企业已经发生但应由本期和以后各期负担的分摊期限在一年以上的各项费用。长期待摊费用中在一年内（含一年）摊销的部分，在资产负债表“一年内到期的非流动资产”项目填列	根据“长期待摊费用”科目的期末余额减去将于一年内（含一年）摊销的数额后的金额填列
“其他非流动资产”	反映企业除长期股权投资、固定资产、在建工程、工程物资、无形资产等以外的其他非流动资产	根据有关科目的期末余额填列

8.1.2 今年是亏是盈——利润表

学习完了资产负债表，王马虎很有成就感，她拿起另外一张表格——“利润表”。

新会计准则颁布后的利润表（表 8-3）。

表8-3 利润表

编制单位： 年度： 单位：元

项目	本期金额	上期金额
一、营业收入		
减：营业成本		
税金及附加		
销售费用		
管理费用		
研发费用		
财务费用		
其中：利息费用		
利息收入		

续表

项目	本期金额	上期金额
加：其他收益		
投资收益（损失以“-”号填列）		
其中：对联营企业和合营企业的投资收益		
以摊余成本计量的金融资产终止确认收益（损失以“-”号填列）		
净敞口套期收益（损失以“-”号填列）		
公允价值变动收益（损失以“-”号填列）		
信用减值损失（损失以“-”号填列）		
资产减值损失（损失以“-”号填列）		
资产处置收益（损失以“-”号填列）		
二、营业利润（亏损以“-”号填列）		
加：营业外收入		
减：营业外支出		
三、利润总额（亏损总额以“-”号填列）		
减：所得税费用		
四、净利润（净亏损以“-”号填列）		
（一）持续经营净利润（净亏损以“-”号填列）		
（二）终止经营净利润（净亏损以“-”号填列）		
五、其他综合收益的税后净额		
（一）不能重分类进损益的其他综合收益		
1. 重新计量设定受益计划变动额		
2. 权益法下不能转损益的其他综合收益		
3. 其他权益工具投资公允价值变动		
4. 企业自身信用风险公允价值变动		

续表

项目	本期金额	上期金额
……		
（二）将重分类进损益的其他综合收益		
1. 权益法下可转损益的其他综合收益		
2. 其他债权投资公允价值变动		
3. 金融资产重分类计入其他综合收益的金额		
4. 其他债权投资信用减值准备		
5. 现金流量套期		
6. 外币财务报表折算差额		
……		
六、综合收益总额		
七、每股收益		
（一）基本每股收益		
（二）稀释每股收益		

康会计说："利润表相对简单些，填列的内容也比较少，但是有几个比较特殊的，我给你说明一下：

营业收入=主营业务收入+其他业务收入

营业成本=主营业务成本+其他业务成本

其他的像对联营企业和合营企业的投资收益、每股收益、其他综合收益等我们公司都不涉及，你就不用填了。"

王马虎一看，这样果然简单了很多。

8.1.3 挣了多少现金，花了多少现金——现金流量表

讲完利润表，王马虎接着向下翻出"现金流量表"。

"现金流量表比较复杂，它所有的项目都不与会计科目相对应，完全是会计人员自己算出来的，我给你简单介绍一下，你要想自己做，还得多学习。"康会计主动给王马虎减轻了负担。

现金流量表有两种填列方法：直接法和间接法，我国企业会计准则规定企业应当采用直接法编报现金流量表，同时要求在附注中提供以净利润为基础调节经营活动现金流量的信息。所以我们会看到现金流量表（表8-4）和补充资料（表8-5）两部分内容。

表8-4　现金流量表

编制单位：　　　　　　年度：　　　　　　单位：元

项目	本期金额	上期金额
一、经营活动产生的现金流量		
销售商品、提供劳务收到的现金		
收到的税费返还		
收到其他与经营活动有关的现金		
经营活动现金流入小计		
购买商品、接受劳务支付的现金		
支付给职工以及为职工支付的现金		
支付的各项税费		
支付其他与经营活动有关的现金		
经营活动现金流出小计		
经营活动产生的现金流量净额		
二、投资活动产生的现金流量		
收回投资收到的现金		
取得投资收益收到的现金		
处置固定资产、无形资产和其他长期资产收回的现金净额		
处置子公司及其他营业单位收到的现金净额		

续表

项目	本期金额	上期金额
收到其他与投资活动有关的现金		
投资活动现金流入小计		
购建固定资产、无形资产和其他长期资产支付的现金		
投资支付的现金		
取得子公司及其他营业单位支付的现金净额		
支付其他与投资活动有关的现金		
投资活动现金流出小计		
投资活动产生的现金流量净额		
三、筹资活动产生的现金流量		
吸收投资收到的现金		
取得借款收到的现金		
收到其他与筹资活动有关的现金		
筹资活动现金流入小计		
偿还债务支付的现金		
分配股利、利润或偿付利息支付的现金		
支付其他与筹资活动有关的现金		
筹资活动现金流出小计		
筹资活动产生的现金流量净额		
四、汇率变动对现金及现金等价物的影响		
五、现金及现金等价物净增加额		
加：期初现金及现金等价物余额		
六、期末现金及现金等价物余额		

表8-5　现金流量表补充资料

补充资料	本期金额	上期金额
1. 将净利润调节为经营活动现金流量		
净利润		
加：资产减值准备		
固定资产折旧、油气资产折耗、生产性生物资产折旧		
无形资产摊销		
长期待摊费用摊销		
处置固定资产、无形资产和其他长期资产的损失（收益以“-”号填列）		
固定资产报废损失（收益以“-”号填列）		
公允价值变动损失（收益以“-”号填列）		
财务费用（收益以“-”号填列）		
投资损失（收益以“-”号填列）		
递延所得税资产减少（增加以“-”号填列）		
递延所得税负债增加（减少以“-”号填列）		
存货的减少（增加以“-”号填列）		
经营性应收项目的减少（增加以“-”号填列）		
经营性应付项目的增加（减少以“-”号填列）		
其他		
经营活动产生的现金流量净额		
2. 不涉及现金收支的重大投资和筹资活动		
债务转为资本		
一年内到期的可转换公司债券		
融资租入固定资产		

续表

补充资料	本期金额	上期金额
3. 现金及现金等价物净变动情况		
现金的期末余额		
减：现金的期初余额		
加：现金等价物的期末余额		
减：现金等价物的期初余额		
现金及现金等价物净增加额		

1. 经营活动产生的现金流量

经营活动是指企业投资活动和筹资活动以外的所有交易和事项。各类企业由于行业特点不同，对经营活动的认定存在一定差异。对于工商企业而言，经营活动主要包括销售商品、提供劳务、购买商品、接受劳务、支付税费等。

2. 投资活动产生的现金流量

投资活动是指企业长期资产的购建和不包括在现金等价物范围内的投资及其处置活动。长期资产是指固定资产、无形资产、在建工程、其他资产等持有期限在一年或一个营业周期以上的资产。这里所讲的投资活动，既包括实物资产投资，也包括金融资产投资。

3. 筹资活动产生的现金流量

筹资活动是指导致企业资本及债务规模和构成发生变化的活动。这里所说的资本，既包括实收资本（股本），也包括资本溢价（股本溢价）。这里所说的债务，指对外举债，包括向银行借款、发行债券以及偿还债务等。通常情况下，应付账款、应付票据等商业应付款等属于经营活动，不属于筹资活动。

4. 汇率变动对现金及现金等价物的影响

对于小企业来说，这个可能涉及不到，我们就不作详细解说了。

8.2 三张报表填列方法

康会计说："我们通常所说的会计报表，主要是指资产负债表、利润表和现金流量表这三张报表。对于中小企业来说，最常用的仅有资产负债表和利润表两张，每月报税时也是需要附上这两张表的。当然，如果老板要求编制现金流量表，那我们就编写。”

听了康会计的话，王马虎松了一口气，现金流量表实在是有点难为她。就算是资产负债表和利润表，她也是在康会计的指点下才完成的，虽然康会计理论知识已经讲得很清楚了，但是实际操作起来还是会遇到很多问题。

“让你直接编写公司的报表有点困难，我先给你讲讲填写的方法，然后再给你举个例子，你先练练手。”康会计考虑问题就是周全。

8.2.1　资产状况——资产负债表

“资产负债表是反映企业截止某个时点，一般是月末、季末或者年末的最后一天时，所拥有的或控制的资产，所负担的各项债务，以及企业投资者所拥有的资本和剩余利润等。”康会计先解释了一下资产负债表反映的内容。

“在‘单位名称’这里写上咱们单位的名字，‘年月日’栏中填写资产负债表反映的资产负债的存在时点，‘年初数’就是上年末的各科目余额，咱们公司是新成立的，年初数就空着。最后根据总账和明细账，填写各科目的期末数。虽然讲起来很简单，但是实际做起来不简单。”康会计最后总结道。

康会计给王马虎两张表格：甲公司 2017 年 12 月 31 日的资产负债表（表 8–6）（年初余额略）及 2020 年 3 月 31 日的科目余额表（表 8–7），她让王马虎根据这两张表编制甲公司 2020 年 3 月 31 日的资产负债表（表 8–8）。我们一起来看看王马虎是如何编制的。

表8–6　甲公司资产负债表

编制单位：甲公司　　　　2017 年 12 月 31 日　　　　单位：元

资产	期末余额	年初余额	负债和股东权益（或股东权益）	期末余额	年初余额
流动资产：			流动负债：		
货币资金	1 406 300		短期借款	300 000	
交易性金融资产	15 000		交易性金融负债		
衍生金融资产			衍生金融负债		

续表

资产	期末余额	年初余额	负债和股东权益（或股东权益）	期末余额	年初余额
应收票据	246 000		应付票据	200 000	
应收账款	299 100		应付账款	953 800	
应收款项融资			预收款项		
预付款项	100 000		合同负债		
其他应收款	5 000		应付职工薪酬	110 000	
存货	2 580 000		应交税费	36 600	
合同资产			其他应付款	51 000	
持有待售资产			持有待售负债		
一年内到期的非流动资产			一年内到期的非流动负债	1 000 000	
其他流动资产	100 000		其他流动负债		
流动资产合计	4 751 400		流动负债合计	2 651 400	
非流动资产：			非流动负债：		
债权投资			长期借款	600 000	
其他债权投资			应付债券		
长期应收款			其中：优先股		
长期股权投资	250 000		永续债		
其他权益工具投资			租赁负债		
其他非流动金融资产			长期应付款		
投资性房地产			预计负债		
固定资产	1 100 000		递延收益		
在建工程	1 500 000		递延所得税负债		
生产性生物资产			其他非流动负债		
油气资产			非流动负债合计	600 000	
使用权资产			负债合计	3 251 400	
无形资产	600 000		所有者权益（或股东权益）：		
开发支出			实收资本（或股本）	5 000 000	

续表

资产	期末余额	年初余额	负债和股东权益（或股东权益）	期末余额	年初余额
商誉			其他权益工具		
长期待摊费用			其中：优先股		
递延所得税资产			永续债		
其他非流动资产	200 000		资本公积		
非流动资产合计	3 650 000		减：库存股		
			其他综合收益		
			专项储备		
			盈余公积	100 000	
			未分配利润	50 000	
			所有者权益（或股东权益）合计	5 150 000	
资产总计	8 401 400		负债和股东权益总计	8 401 400	

表8-7 甲公司科目余额表

编制单位：甲公司　　2020 年 3 月 31 日　　单位：元

科目名称	借方余额	科目名称	贷方余额
库存现金	2 000	短期借款	50 000
银行存款	805 831	应付票据	100 000
其他货币资金	7 300	应付账款	953 800
交易性金融资产	0	其他应付款	50 000
应收票据	66 000	应付职工薪酬	180 000
应收账款	600 000	应交税费	226 731
坏账准备	−1 800	应付利息	0
预付账款	100 000	应付股利	32 215.85
其他应收款	5 000	一年内到期的长期负债	0
材料采购	275 000	长期借款	1 160 000
原材料	45 000	股本	5 000 000

续表

科目名称	借方余额	科目名称	贷方余额
周转材料	38 050	盈余公积	124 770.4
库存商品	2 122 400	利润分配（未分配利润）	218 013. 75
材料成本差异	4 250		
其他流动资产	100 000		
长期股权投资	250 000		
固定资产	2 401 000		
累计折旧	−170 000		
固定资产减值准备	−30 000		
工程物资	300 000		
在建工程	428 000		
无形资产	600 000		
累计摊销	−60 000		
递延所得税资产	7 500		
其他长期资产	200 000		
合计	8 095 531	合计	8 095 531

根据以上资料，编制甲公司 2020 年 3 月 31 日的资产负债表。

表8–8　甲公司资产负债表

编制单位：甲公司　　　　2020 年 3 月 31 日　　　　单位：元

资产	期末余额	年初余额	负债和股东权益（或股东权益）	期末余额	年初余额
流动资产：			流动负债：		
货币资金	815 131	1 406 300	短期借款	50 000	300 000
交易性金融资产	0	15 000	交易性金融负债		
衍生金融资产			衍生金融负债		
应收票据	66 000	246 000	应付票据	100 000	200 000
应收账款	598 200	299 100	应付账款	953 800	953 800
应收款项融资			预收款项		

续表

资产	期末余额	年初余额	负债和股东权益（或股东权益）	期末余额	年初余额
预付款项	100 000	100 000	合同负债		
其他应收款	5 000	5 000	应付职工薪酬	180 000	110 000
存货	2 484 700	2 580 000	应交税费	226 731	36 600
合同资产			其他应付款	82 215. 85	51 000
持有待售资产			持有待售负债		
一年内到期的非流动资产			一年内到期的非流动负债		1 000 000
其他流动资产	100 000	100 000	其他流动负债		
流动资产合计	4 169 031	4 751 400	流动负债合计	1 592 746. 85	2 651 400
非流动资产：			非流动负债：		
债权投资			长期借款	1 160 000	600 000
其他债权投资			应付债券		
长期应收款			其中：优先股		
长期股权投资	250 000	250 000	永续债		
其他权益工具投资			租赁负债		
其他非流动金融资产			长期应付款		
投资性房地产			预计负债		
固定资产	2 201 000	1 100 000	递延收益		
在建工程	728 000	1 500 000	递延所得税负债		
生产性生物资产			其他非流动负债		
油气资产			非流动负债合计	1 160 000	600 000
使用权资产			负债合计	2 752 746. 85	3 251 400
无形资产	540 000	600 000	所有者权益（或股东权益）		
开发支出			实收资本（或股本）	5 000 000	5 000 000

续表

资产	期末余额	年初余额	负债和股东权益（或股东权益）	期末余额	年初余额
商誉			其他权益工具		
长期待摊费用			其中：优先股		
递延所得税资产	7 500	0	永续债		
其他非流动资产	200 000	200 000	资本公积		
非流动资产合计	3 926 500	3 650 000	减：库存股		
			其他综合收益		
			专项储备		
			盈余公积	124 770.4	100 000
			未分配利润	218 013. 75	50 000
			所有者权益（或股东权益）合计	5 342 784. 15	5 150 000
资产总计	8 095 531	8 401 400	负债和股东权益总计	8 095 531	8 401 400

8.2.2 经营成果——利润表

“利润表中各个项目，反映的是企业一个时期内发生的收入、成本、费用以及由此计算出的利润额。”讲完资产负债表，康会计接着讲利润表，“王马虎，你发现它和资产负债表有什么不同了吗？”

“啊，不同，我想想。我发现了，资产负债表反映的是某个时点如 1 月 31 日那一天公司资产的状况，也就是余额数，而利润表反映的是一个时期内的收入、费用的发生额合计数。”王马虎兴奋地说。

“嗯，理解得不错。”康会计表扬王马虎道。

“利润表的填写方法和资产负债表差不多，表头只有日期不同，利润表只要写年月就行了，不用写日，如果是年度利润表，则只写年份，其他的各行数字按照我之前给你讲的和会计科目的对应关系填写。”

康会计拿给王马虎一张表格（表 8-9），列出了甲公司 2020 年 3 月 31 日结账后总账上的各收入、费用等损益类科目的发生额。

表8-9　甲公司2020年3月份各损益类科目发生额

单位：元

科目名称	借方发生额	贷方发生额
主营业务收入		1 250 000
主营业务成本	750 000	
税金及附加	2 000	
销售费用	20 000	
管理费用	157 100	
财务费用	41 500	
资产减值损失	30 900	
投资收益		31 500
营业外收入		50 000
营业外支出	19 700	
所得税费用	85 300	

根据这份表格，王马虎做了甲公司 2020 年 3 月利润表（表 8-10）。

表8-10　甲公司利润表

编制单位：甲公司　　2020 年 3 月　　单位：元

项目	本期金额	上期金额
一、营业收入	1 250 000	
减：营业成本	750 000	
税金及附加	2 000	
销售费用	20 000	

续表

项目	本期金额	上期金额
管理费用	157 100	
研发费用		
财务费用	41 500	
其中：利息费用		
利息收入		
加：其他收益		
投资收益（损失以“-”号填列）	31 500	
其中：对联营企业和合营企业的投资收益		
以摊余成本计量的金融资产终止确认收益（损失以“-”号填列）		
净敞口套期收益（损失以“-”号填列）		
公允价值变动收益（损失以“-”号填列）		
信用减值损失（损失以“-”号填列）		
资产减值损失（损失以“-”号填列）	30 900	
资产处置收益（损失以“-”号填列）		
二、营业利润（亏损以“-”号填列）	280 000	
加：营业外收入	50 000	
减：营业外支出	19 700	
三、利润总额（亏损总额以“-”号填列）	310 300	
减：所得税费用	85 300	
四、净利润（净亏损以“-”号填列）	225 000	
（一）持续经营净利润（净亏损以“-”号填列）		
（二）终止经营净利润（净亏损以“-”号填列）		
五、其他综合收益的税后净额		

续表

项目	本期金额	上期金额
（一）不能重分类进损益的其他综合收益		
1. 重新计量设定受益计划变动额		
2. 权益法下不能转损益的其他综合收益		
3. 其他权益工具投资公允价值变动		
4. 企业自身信用风险公允价值变动		
……		
（二）将重分类进损益的其他综合收益		
1. 权益法下可转损益的其他综合收益		
2. 其他债权投资公允价值变动		
3. 金融资产重分类计入其他综合收益的金额		
4. 其他债权投资信用减值准备		
5. 现金流量套期		
6. 外币财务报表折算差额		
……		
六、综合收益总额		
七、每股收益		
（一）基本每股收益		
（二）稀释每股收益		

8.3 报表之间有联系——验证报表勾稽关系

学习完了财务报表，王马虎很有成就感，但是她老感觉自己还不熟练，怕哪里出错了，但是又不知道该如何检查，所以很烦恼。

康会计见她急得抓耳挠腮，“怎么了，王马虎，是不是不放心自己做的报表啊？”

“对啊，康会计，我如果做错了怎么办？我该怎么检查啊，不会是从头再做一遍吧。”王马虎回答。

“当然不是了，其实会计报表之间是存在勾稽关系的，报表不止一张，每张报表不是孤立存在、互不相关的，他们之间是相互依存、相互联系的，并且不同的报表之间是存在勾稽关系的。每个月末我们填完报表后，需要对单个报表内部各项目之间、不同的报表之间的勾稽关系进行检查验证，这样就可以发现填写过程中发生的错误，甚至可以发现记账过程中存在的、在对账时没有发现的错误。”康会计对王马虎说。

“到底存在什么勾稽关系啊？”王马虎迫不及待地想知道。

8.3.1 左右相等才平衡——资产负债表左右平衡

“首先是资产负债表，这个表格是企业的主要财务报表之一，每个独立核算的企业都必须按期编制，这个表格可不是随便编制的，它是根据一个会计恒等式‘资产 = 负债 + 所有者权益’编制而成的。”康会计说。

“哦，我知道了，所以我们把资产放在表的左边，负债和所有者权益放在表的右列。”王马虎反应很快。

“对，其实资产负债表有两种格式，报告式和账户式，我国的会计制度要求企业采用账户式，就是我们平时看到的，资产左边列示，负债和所有者权益右边列示，从而使资产负债表左右两边平衡。”康会计说。

王马虎看着自己编写的资产负债表，果然是资产合计的年初数等于负债和所有者权益的年初数，期末数也是这样。

“当然，表内的勾稽关系就是我之前给你讲的，每个项目都和总账、明细账等相关科目计算得来的。”康会计说。

8.3.2 利润是本年所有者权益的增加——利润表中的净利润与总账的关系

“利润表和资产负债表一样，也是根据一个会计恒等式编制的，‘收入 - 费用 = 利润’这个动态的恒等式。利润表也有两种格式，单步式和多步式，我国的会计制度要求采用多步式利润表。具体的勾稽关系包括表内的勾稽关系与利润表和总账的勾稽关系。表内的勾稽关系我之前已经讲过了，主要体现在净利润的计算过程中，当期的净利润是多步计算出来的，按照营业利润、利润总额、净利润的顺序计算。”康会计说。

“那利润表和总账有什么勾稽关系呢？”王马虎又问道。

“利润表中的利润总额和净利润是通过表中项目纵向计算得到的结果，这个结果和总账中的‘本年利润’账户有固定的勾稽关系。利润表中的本月数栏中的‘净利润’= 总账中‘本年利润’本月贷方发生额 - 借方发生额。利润表中的‘本年累计数’中的‘净利润’= 总账中的‘本年利润’的期末余额。”康会计说。

8.3.3　两表之间有联系——资产负债表与利润表之间的关系

“接下来是资产负债表和利润表之间的关系。”康会计准备接着讲下去。

“可是，康会计，资产负债表的格式和填制依据与利润表都不一样，编制过程也是完全独立的，他们之间怎么会有关系呢？”王马虎搞不明白了。

康会计解释：“确实像你说的，它们从表面上看没有任何关系，其实不然，二者的关系十分重要。”主要体现在下面两个等式上：

资产负债表中“期末数”栏中的“未分配利润”= 资产负债表中“年初数”栏中的“未分配利润”+ 利润表中“本年累计数”栏中的“净利润”。

本月资产负债表中“期末数”栏中的“未分配利润”= 上月资产负债表中“期末数”栏中的“未分配利润”+ 本月利润表中“本月数”栏中的“净利润”。

第9章 月初税务必报到

3 月终于熬过去了，早上一上班王马虎就大呼“四月万岁”。康会计看着王马虎，“你以为忙完月底就没事了？月初还有个重要的事情，就是报税。”

“报税？向谁报税啊？什么时候？怎么报？”王马虎问了一连串的问题。

“你别着急呀，我现在就教你报税，”康会计笑着给王马虎解释，“税不用天天报，每个月的月初的 15 天内报税。报税的流程简单来说就是月底计提，下月初到税务机关申报，申报后到银行交税。这些工作都是我们要做的，明白了吧。”康会计解释。

9.1 不是一家人不进一家门——国税地税合并

“那么，我们应该去哪里报税呢？”王马虎还是不明白。

“2018 年 3 月开始，我国国税地税合并陆续在全国多个地方开始实施，至 2019 年 3 月底完成相关合并工作。以前我国的税务机关主要分国家税务局和地方税务局两大系统，统一由国家税务局管理，我们要分别向国税和地税机关报税。”康会计说。

“那这种改革有什么好处呢？”王马虎越听越糊涂了。

“改革国税地税征管体制，将省级和省级以下国税地税机构合并。纳税人通过一个窗口纳税，不需要两头跑，可以更加方便，一次性办完业务。解决了办税‘多头跑’、政策‘多口径’、执法‘多头查’的问题。这对我们会计人来说报税轻松方便了许多嘛。举个例子吧，一个企业缴纳增值税需要到国家税务局，代扣代缴个人所得税就要到地方税务局。在很长一段时间内，由于国地税的信息系统不兼容以及沟通协调不畅等问题，纳税人需要向国税、地税重复报送涉税资料，接受两个机构的税务检查等，涉税成本比较高。从税制改革的角度看，近年来，随着‘营改增’的不断推进，营业税作为主要由地方税务局征收的地方主体税种最终退出历史舞台，国税与地税的征管范围和征管职责发生了很大变化，这为国地税合并创造了条件。

还有，在‘分税制’的框架下，纳税人需应对两套征税体系，感觉很麻烦，另外，国税局、地税局有时候争抢税源，不仅产生利益冲突，也造成纳税人和税务部门之间的矛盾。合并后，可以大大减少纳税人和税务部门之间的矛盾。”康会计补充道。

“原来报税有这么渊源的历史，您讲的知识既深奥又有趣。但是国税地税合并之后，我们该去哪里报税呢？”王马虎不解。

“那就要看我们公司地址了，公司位于北京市海淀区，当然就要去海淀区的税务征管部门了。”康会计耐心地解答到。

9.1.1　分门别类易管理——税种与税所的划分

康会计接着解释说：“你还记得我们公司刚成立的时候，我就去了咱们区的税务所进行税务登记，那是工商部门指定的，我们归属海淀区的税务部门管辖。下面我就具体给你说一说。

以前国家规定向国税机关申报缴纳的税种，如增值税、消费税、车辆购置税、企业所得税和部分个人所得税，以前国家规定向地税机关申报缴纳的税种，如企业所得税、资源税、个人所得税、土地增值税、印花税、城建税、车船使用税、房产税和城镇土地使用税，在国地税合并后，原地税的申报系统也要合并到国税的申报系统里，通过申报平台升级即可实现。”

9.1.2　理论知识链接

对于国税地税征管体制改革的变化，国家税务总局下发了相关的文件予以说明，这些文件大家可以在网上找到。

根据国税地税征管体制改革工作部署，省、市、县三级新税务机构将逐步分级挂牌。为确保税务机构改革后各项税收工作平稳有序运行，现就各级新税务机构挂牌后有关事项公告如下：

（1）新税务机构挂牌后启用新的行政、业务印章，以新机构名称开展工作，原国税、地税机关的行政、业务印章停止使用。相关证书、文书、表单等启用新的名称、局轨、字轨和编号。

（2）新税务机构挂牌后，原国税、地税机关税费征管的职责和工作由继续行使其职权的新机构承继，尚未办结的事项由继续行使其职权的新机构办理，已作出的行政决定、出具的执法文书、签订的各类协议继续有效。纳税人、扣缴义务人以及其他行政相对人已取得的相关证件、资格、证明效力不变。

（3）原国税、地税机关承担的税费征收、行政许可、减免退税、税务检查、行政处罚、投诉举报、争议处理、信息公开等事项，在新的规定发布施行前，暂按原规定办理。行政相对人等对新税务机构的具体行政行为不服申请行政复议的，依法向其上一级税务机关提出行政复议申请。

（4）纳税人在综合性办税服务厅、网上办税系统可统一办理原国税、地税业务，实行“一厅通办”“一网通办”“主税附加税一次办”。12366 纳税服务热线不再区分国税、地税业务，实现涉税业务“一键咨询”。

（5）纳税人、扣缴义务人按规定需要向原国税、地税机关分别报送资料的，相同资料只需提供一套；按规定需要在原国税、地税机关分别办理的事项，同一事项只需申请一次。

（6）新税务机构挂牌后，启用新的税收票证式样和发票监制章。挂牌前已由各省税务机关统一印制的税收票证和原各省国税机关已监制的发票在 2018 年 12 月 31 日前可以继续使用，由国家税务总局统一印制的税收票证在 2018 年 12 月 31 日后继续使用。纳税人在用税控设备可以延续使用。

（7）新税务机构挂牌后，启用新的税务检查证件。原各省国税、地税机关制发的有效期内的税务检查证件在 2018 年 12 月 31 日前可以继续使用。

9.2 选对时间——什么税在什么时段报

“康会计，知道了缴税地点，但是什么时间都可以去交吗？”

“当然不是了，每个税种的申报时间是不同的，车船税、印花税、城镇土地使用税等小税种，机构所在地主管税务机关可能会有不同的时间规定。即使那些重要的增值税、企业所得税等大的税种，申报时间也不是一成不变的，随着时间的推移，国家税务总局也可能会随时做出调整。”康会计说。

“那怎么办？”王马虎为难了。

“一个合格的财务人员，应该随时关注国家及地方相关政策的变化。如果错过了纳税申报期，就会被税务局罚款，企业就有了不良记录，老板会不高兴的。”康会计说。

“这么严重，那我得好好记一记了。”王马虎拿出本子准备做笔记。

听康会计讲完各种税种的申报期限后，王马虎自己主动做了总结，列了一张表格（表 9-1），方便大家参考。

表9-1　各税种申报期限及说明

税种	申报期限	说明
增值税	每月 15 日前完成	自 2009 年 1 月 1 日开始实施，全国统一
城建税及附加	每月 15 日前完成	—
个人所得税	每月 7 日前完成	个税的申报期比其他税种要早，而且要短
车船税	按年征收、分期缴纳	具体申报期限由各省、自治区、直辖市人民政府确定，北京市为每年的 10 月 1 日到 15 日
城镇土地使用税	按年征收、分期缴纳	具体申报期限由各省、自治区、直辖市人民政府确定，北京市为每年 4 月份、10 月份的前 15 日
房产税	按年征收、分期缴纳	具体申报期限由各省、自治区、直辖市人民政府确定，北京市为每年 4 月份、10 月份的前 15 日
印花税	各地地税机关自行决定	—
企业所得税	分月或分季预缴、年终汇算清缴	一般小企业都采用分季预缴、年终汇算清缴的办法。分季预缴的企业要在每个季度终了之日起 15 日内向税务机关预缴税款，年度终了之日起 5 个月内汇算清缴

如遇到节假日，申报期会顺延，特别提醒大家的是，这里所说的申报期这个日期，不仅包含向税务机关的申报时间，还包含了到银行交税的时间。也就是说，会计必须在规定的时间内完成交税工作。所以，在实务中，办税

人员一定要提前完成申报工作，为到银行交税预留时间，万一报税出了问题，还有充足的时间进行修正。

9.3 我们一起报税去——报税实务简介

了解了各个税种的计算方法、申报地点和时间，王马虎跃跃欲试，想上手实际申报一下。

“报税是件比较烦琐的事情，而且各地的报税流程都不一样，这和每个地方的经济发展、税务机关的政务建设是息息相关的。例如北京，报税的流程已经越来越现代化，大多只需要在网上完成，当然，这需要公司财务配有电脑、能上网，财务人员还需要一些简单的电脑操作知识。”康会计给王马虎解释道。

“那您就给我讲讲北京是如何报税的吧，毕竟我们现在是在北京。”王马虎提议道。

“好的，我就给你讲一下北京是如何报税的。”康会计说。

9.3.1 一月报一次——机构所在地主管税务机关月报

“既然是月报，那当然是每个月一报，很多重要的税种是需要按月申报纳税的，如增值税、个人所得税等。”康会计首先解释了一下。

“可是，康会计，我有个疑问，如果我们某个月税款为零，那还申报吗？”王马虎问道。

“当然要申报。对于机构所在地主管税务机关月报以及企业所得税的季报。即使本月税款为零，也要进行零申报和无应纳税申报，不能因为不用交税而不进行申报。”康会计提醒道。

康会计接着说：“目前在北京，纳税申报多采用网上申报或手工 IC 卡申报，都需要生成电子信息。下面我就给你详细讲一下。”

1. 增值税：向机构所在地主管税务机关按月申报

（1）小规模纳税人的申报流程。

“小规模纳税人因为不涉及增值税专用发票，所以申报过程非常简单。一般可分为两种：如果与税务机关签订了网上申报协议，可直接登录税务机关提供的网站并从网上录入数据进行申报；如果是手工 IC 卡申报，首先需要在单位的电脑上安装好申报用 IC 卡的读卡器、相关申报软件。”康会计解释。

“那我们去哪里买这些工具和软件呢？”王马虎问。

“这个不用担心，我们去税务机关登记的时候他们会告诉我们。安装完以后，在每月底或下月初启动申报软件，在申报表中录入销售收入及增值税金额等信息。现在，北京市的小规模纳税人使用的增值税纳税申报表就只有一张。”说着，康会计拿出一张表格（表 9-2）给王马虎看。

表9-2　北京市小规模纳税人使用的增值税纳税申报表

增值税纳税申报表

（小规模纳税人适用）

纳税人识别号：□□□□□□□□□□□□□□□□□□□□

纳税人名称（公章）：　　　　　　　　　　金额单位：元（列至角分）

税款所属期：　年　月　日至　年　月　日　　填表日期：　年　月　日

	项目	栏次	本期数		本年累计	
			应税货物及劳务	应税服务	应税货物及劳务	应税服务
一、计税依据	应征增值税不含税销售额	1				
	税务机关代开的增值税专用发票不含税销售额	2				
	税控器具开具的普通发票不含税销售额	3				
	销售使用过的应税固定资产不含税销售额	4（4 ≥ 5）		—		—
	其中：税控器具开具的普通发票不含税销售额	5		—		—
	（三）免税销售额	6（6 ≥ 7）				
	（四）出口免税销售额	8（8 ≥ 9）				
	其中：税控器具开具的普通发票销售额	9				

续表

<table>
<tr><td rowspan="2"></td><td rowspan="2">项目</td><td rowspan="2">栏次</td><td colspan="2">本期数</td><td colspan="2">本年累计</td></tr>
<tr><td>应税货物及劳务</td><td>应税服务</td><td>应税货物及劳务</td><td>应税服务</td></tr>
<tr><td rowspan="6">二、税款计算</td><td>本期应纳税额</td><td>10</td><td></td><td></td><td></td><td></td></tr>
<tr><td>本期应纳税额减征额</td><td>11</td><td></td><td></td><td></td><td></td></tr>
<tr><td>应纳税额合计</td><td>12=10-11</td><td></td><td></td><td></td><td></td></tr>
<tr><td>本期预缴税额</td><td>13</td><td></td><td></td><td>—</td><td>—</td></tr>
<tr><td>本期应补（退）税额</td><td>14=12-13</td><td></td><td></td><td>—</td><td>—</td></tr>
<tr><td></td><td></td><td></td><td></td><td></td><td></td></tr>
<tr><td rowspan="4">纳税人或代理人声明：
本纳税申报表是根据国家税收法律法规及相关规定填报的，我确定它是真实的、可靠的、完整的。</td><td colspan="6">如纳税人填报，由纳税人填写以下各栏：</td></tr>
<tr><td colspan="6">办税人员：　　　　财务负责人：
法定代表人：　　　　联系电话：</td></tr>
<tr><td colspan="6">如委托代理人填报，由代理人填写以下各栏：</td></tr>
<tr><td colspan="6">代理人名称（公章）：　　　　经办人：
联系电话：</td></tr>
</table>

主管税务机关：　　　　接收人：　　　　接收日期：

“信息录完以后，将数据写到 IC 卡中，写卡后，打印申报表，最后携带 IC 卡，按照税务机关规定的时限到指定税所上交纸质报表即可。”康会计说。

（2）一般纳税人申报流程。

“一般纳税人的申报流程要比小规模纳税人复杂得多，所以你要认真听。”康会计提醒王马虎。

“首先，一般纳税人会有两张 IC 卡，一张是必须拥有的税控 IC 卡，用来保存增值税发票开具信息；另外一张是报税 IC 卡，如果纳税人没有选择网上申报而是采用手工申报，那么需要持有这张申报用 IC 卡。这些工具同样在进行税务登记时就会获得。接下来就是复杂的申报流程了，可总结为认证、开票、抄税、报税、打印、交表、交税七个步骤。”康会计继续说道。

“这么多步骤，确实挺复杂的。”王马虎听到这些步骤头都大了，但是康会计记得这么清楚，不愧是多年的老会计了，王马虎佩服得五体投地。

“没关系，你做的多了就记住了，我给你讲一下每一个步骤的具体内容。”康会计继续说道。

①认证。本月底前，先到税务机关或从网上进行增值税进行发票的认证工作；网上认证需要事先和税务机关签订网上认证的协议，手工认证只需要拿着需要认证的增值税专用发票直接到税务机关认证窗口找服务人员认证即可。

②开票。平时开具发票时，将税控 IC 卡插到专用的读卡器中开具发票。

③抄税。下月初自 1 日起到 15 日间进行抄税工作。最好在 5 日前完成抄税。抄税就是把当月开出的发票全部记入税控 IC 卡中。抄税后，需要打印出相关的增值税发票信息表。

④报税。抄税完成后，如果与税务机关签订了网上报税协议，可从网上报税。否则要通过报税 IC 卡手工报税。将报税 IC 卡插入自己专用的读卡器，打开已安装好的报税软件，依次录入增值税纳税申报表中的各项数据，包括销售额、增值税进行税额、销项税额等，录入完毕后写入卡中。

⑤打印。将填写完成的增值税纳税申报表打印出来。

⑥交表。拿着已抄税的税控 IC 卡、已写卡的报税 IC 卡（非网报时）、打印好的发票资料、增值税纳税申报表，到主管税务机关申报窗口进行比对交表。

⑦交税。税务人员会根据申报 IC 卡打印出税票，财务拿着税票到银行交税。如果已经和税务机关、银行签订了三方税银联网协议，则不再打印税票，税款将直接从银行划走。完税凭证可以从银行获取。

目前，要求一般纳税人填报的一整套增值税纳税申报表共有 6 张，分别是：

A. 主表 1 张——增值税纳税申报表（适用于一般纳税人）。

B. 附表 1——增值税纳税申报表附列资料（表一）。

C. 附表 2——增值税纳税申报表附列资料（表二）。

D. 附表 3——固定资产进项税额抵扣情况表。

E. 资产负债表。

F. 利润表。

填报的时候，应先按顺序依次填写附表 1、附表 2 和附表 3，主表中的项目大多数会自动从这 3 张附表中获取数据。一般纳税人增值税申报表主表的样表（表 9–3）。

表9–3　北京市一般纳税人使用的增值税纳税申报表

增值税纳税申报表

（适用于增值税一般纳税人）

根据《中华人民共和国增值税暂行条例》第二十二条和第二十三条的规定制定本表。纳税人不论有无销售额，均应按主管税务机关核定的纳税期限按期填报本表，并于次月 1 日起 15 日内，向当地税务机关申报。

税款所属时间：自　　年　月　日至　　年　月　日　填表日期：　　年　月　日

金额单位：元（列至角分）

<table>
<tr><td>纳税人识别号</td><td colspan="4"></td><td colspan="2">所属行业：</td></tr>
<tr><td>纳税人名称</td><td>（公章）</td><td>法定代表人姓名</td><td></td><td>注册地址</td><td></td><td>营业地址</td><td></td></tr>
<tr><td>开户银行及账号</td><td colspan="2"></td><td>企业登记注册类型</td><td></td><td>电话号码</td><td></td></tr>
</table>

<table>
<tr><td colspan="2" rowspan="2">项目</td><td rowspan="2">栏次</td><td colspan="2">一般货物及劳务</td><td colspan="2">即征即退货物及劳务</td></tr>
<tr><td>本月数</td><td>本年累计</td><td>本月数</td><td>本年累计</td></tr>
<tr><td rowspan="10">销售额</td><td>（一）按适用税率征税货物及劳务销售额</td><td>1</td><td></td><td></td><td></td><td></td></tr>
<tr><td>其中：应税货物销售额</td><td>2</td><td></td><td></td><td></td><td></td></tr>
<tr><td>应税劳务销售额</td><td>3</td><td></td><td></td><td></td><td></td></tr>
<tr><td>纳税检查调整的销售额</td><td>4</td><td></td><td></td><td></td><td></td></tr>
<tr><td>（二）按简易征收办法征税货物销售额</td><td>5</td><td></td><td></td><td></td><td></td></tr>
<tr><td>其中：纳税检查调整的销售额</td><td>6</td><td></td><td></td><td></td><td></td></tr>
<tr><td>（三）免、抵、退办法出口货物销售额</td><td>7</td><td></td><td></td><td>—</td><td>—</td></tr>
<tr><td>（四）免税货物及劳务销售额</td><td>8</td><td></td><td></td><td>—</td><td>—</td></tr>
<tr><td>其中：免税货物销售额</td><td>9</td><td></td><td></td><td>—</td><td>—</td></tr>
<tr><td>免税劳务销售额</td><td>10</td><td></td><td></td><td>—</td><td>—</td></tr>
</table>

续表

项目		栏次	一般货物及劳务		即征即退货物及劳务	
			本月数	本年累计	本月数	本年累计
税款计算	销项税额	11				
	进项税额	12				
	上期留抵税额	13		—		—
	进项税额转出	14				
	免抵退货物应退税额	15			—	—
	按适用税率计算的纳税检查应补缴税额	16			—	—
	应抵扣税额合计	17=12+13-14-15+16		—		—
	实际抵扣税额	18（如17<11，则为17，否则为11）				
	应纳税额	19=11-18				
	期末留抵税额	20=17-18		—		—
	简易征收办法计算的应纳税额	21				
	按简易征收办法计算的纳税检查应补缴税额	22			—	—
	应纳税额减征额	23				
	应纳税额合计	24=19+21-23				
税款缴纳	期初未缴税额（多缴为负数）	25				
	实收出口开具专用缴款书退税额	26			—	—
	本期已缴税额	27=28+29+30+31				
	（1）分次预缴税额	28		—		—
	（2）出口开具专用缴款书预缴税额	29		—	—	—

续表

<table>
<tr><th colspan="2" rowspan="2">项目</th><th rowspan="2">栏次</th><th colspan="2">一般货物及劳务</th><th colspan="2">即征即退货物及劳务</th></tr>
<tr><th>本月数</th><th>本年累计</th><th>本月数</th><th>本年累计</th></tr>
<tr><td rowspan="9">税款缴纳</td><td>（3）本期缴纳上期应纳税额</td><td>30</td><td></td><td></td><td></td><td></td></tr>
<tr><td>（4）本期缴纳欠缴税额</td><td>31</td><td></td><td></td><td></td><td></td></tr>
<tr><td>期末未缴税额（多缴为负数）</td><td>32=24+25+26-27</td><td></td><td></td><td></td><td></td></tr>
<tr><td>其中：欠缴税额（≥0）</td><td>33=25+26-27</td><td></td><td>—</td><td></td><td>—</td></tr>
<tr><td>本期应补（退）税额</td><td>34=24-28-29</td><td></td><td>—</td><td></td><td>—</td></tr>
<tr><td>即征即退实际退税额</td><td>35</td><td>—</td><td>—</td><td></td><td></td></tr>
<tr><td>期初未缴查补税额</td><td>36</td><td></td><td></td><td>—</td><td>—</td></tr>
<tr><td>本期入库查补税额</td><td>37</td><td></td><td></td><td>—</td><td>—</td></tr>
<tr><td>期末未缴查补税额</td><td>38=16+22+36-37</td><td></td><td></td><td>—</td><td>—</td></tr>
<tr><td>授权声明</td><td colspan="2">如果你已委托代理人申报，请填写以下资料：
为代理一切税务事宜，现授权（地址） 为本纳税人的代理申报人，任何与本申报表有关的往来文件，都可寄予此人。
授权人签字：</td><td>申报人声明</td><td colspan="3">此纳税申报表是根据《中华人民共和国增值税暂行条例》的规定填报的，我相信它是真实的、可靠的、完整的。
声明人签字：</td></tr>
</table>

以下由税务机关填写：

收到日期：　　　　接收人：　　　　主管税务机关盖章：

2. 个人所得税：机构所在地主管税务机关月报，多一个年度汇算清缴

由于机构所在地主管税务机关申报的税种都可以同时申报，都生成在一张电子缴款书上，这样就可以一次性完成申报缴纳的工作，所以康会计又顺便完成了其他地税的申报。最后，王马虎注意到康会计在申报个人所得税时是采用的综合申报，难道还有其他的申报，王马虎很是奇怪。

“个人所得税分综合申报和明细申报两部分。但个人所得税明细申报需要单独进行，一般是下月底前完成上个月的个人所得税明细申报工作。目前，我国的个人所得税法明确要求企业在代扣代缴个人所得税后要进行全员全额明细申报。”康会计解释道。

“那综合申报和明细申报有什么不同呢？”王马虎好奇地问。

“个税的综合申报，只要求一个企业对所要代扣代缴的全部税款进行统一申报，也就是说只要申报一个总额即可。而明细申报，则要求把每个人的所得及所应缴纳的个税分别上报，即使一个人的收入没有超过免征额（目前是5 000元），不用缴纳个税也要进行税额的零申报。”康会计解释道。

说着，康会计打开电脑桌面上的个税明细申报系统（图9-1），说道：“个税的明细申报需要这样一个软件，所以首先要安装个人所得税明细申报软件，这个可从税务局网站下载。”

图9-1　北京市个人所得税明细申报系统

“安装完成后，每月发完工资，先启动该软件，根据工资表完成个税明细表的制作，并上传至税务局网站即可。但是注意，首次使用该软件，要进行单位信息登记（图9-2）。”康会计说。

我国首次个税汇算清缴于2020年3月1日开始。纳税人最关心的个人所得税汇算清缴流程是怎么样的？纳税人又该怎么申报？

（1）个人所得税汇算清缴流程。

①年度汇算的基本含义：将全年收入进行合并，税款计算按年进行。实行多退少补。

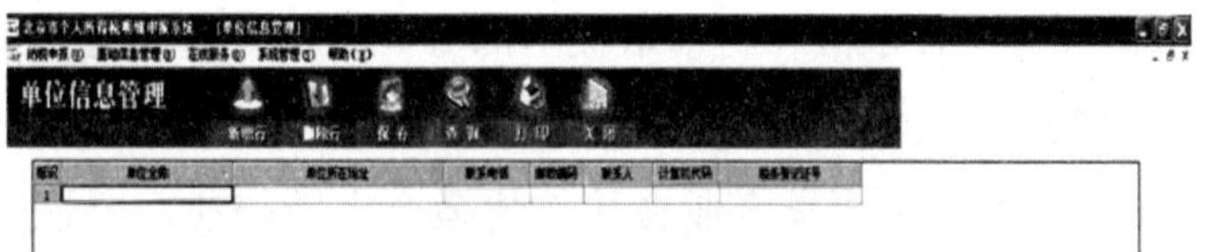

图9-2 个税明细申报系统单位信息管理

②个人所得税汇算清缴计算公式。

××年度汇算应退或应补税额=[（综合所得收入额-60000元-“三险一金”等专项扣除-子女教育等专项附加扣除-依法确定的其他扣除-捐赠）×适用税率-速算扣除数]-本年已预缴税额

③哪些人需要办理年度汇算清缴。

第一，上年度，纳税人预缴税额＞应纳税额（申请退税），需要办理年度汇算清缴。

第二，上年度，纳税人综合所得收入＞12万元（需要补税至少400元），需要办理年度汇算清缴。

④哪些人不需要办理年度汇算清缴。

第一，需要补税，但综合所得收入≤12万元的纳税人，不需要办理年度汇算清缴。

第二，需要补税，补税金额≤400元的纳税人，可不用办理年度汇算清缴。

第三，预缴税额=年度应纳税额，不申请年度汇算退税的纳税人，不需要办理年度汇算清缴。

（2）年个人所得税汇算清缴办理方式。

2020年个人所得税汇算清缴可通过以下三种方式办理：

①纳税人自己可以通过个人所得税手机APP或者网上税务局办理年度汇算（表9-4）。

②通过单位代为办理，也就是通过取得工资薪金或连续性取得劳务报酬所得的扣缴义务人代为办理年度汇算清缴。

③请人办理，也就是委托涉税专业服务机构或其他单位及个人代为办理年度汇算清缴。

表9-4　北京市个人所得税年度自行纳税申报表

个人所得税年度自行纳税申报表（A 表）

（仅取得境内综合所得年度汇算适用）

税款所属期：　年　月　日至　年　月　日
纳税人姓名：
纳税人识别号：□□□□□□□□□□□□□□□□□□□□□□□-□□
金额单位：人民币元（列至角分）

<table>
<tr><td colspan="6">基本情况</td></tr>
<tr><td>手机号码</td><td></td><td>电子邮箱</td><td></td><td>邮政编码</td><td>□□□□□□</td></tr>
<tr><td>联系地址</td><td colspan="5">___省（区、市）___市___区（县）_____街道（乡、镇）_____</td></tr>
<tr><td colspan="6">纳税地点（单选）</td></tr>
<tr><td colspan="3">1. 有任职受雇单位的，需选本项并填写“任职受雇单位信息”</td><td colspan="3">□任职受雇单位所在地</td></tr>
<tr><td rowspan="2">任职受雇单位信息</td><td>名称</td><td colspan="4"></td></tr>
<tr><td>纳税人识别号</td><td colspan="4">□□□□□□□□□□□□□□□□□□□□□□□</td></tr>
<tr><td colspan="3">2. 没有任职受雇单位的，可以从本栏次选择一地</td><td colspan="3">□ 户籍所在地　　□经常居住地</td></tr>
<tr><td colspan="2">户籍所在地 / 经常居住地</td><td colspan="4">省（区、市）市 区（县） 街道（乡、镇）</td></tr>
<tr><td colspan="6">申报类型（单选）</td></tr>
<tr><td colspan="3">□ 首次申报</td><td colspan="3">□更正申报</td></tr>
<tr><td colspan="6">综合所得个人所得税计算</td></tr>
<tr><td colspan="4">项目</td><td>行次</td><td>金额</td></tr>
<tr><td colspan="4">一、收入合计（第1行=第2行+第3行+第4行+第5行）</td><td>1</td><td></td></tr>
<tr><td colspan="4">（一）工资、薪金</td><td>2</td><td></td></tr>
<tr><td colspan="4">（二）劳务报酬</td><td>3</td><td></td></tr>
<tr><td colspan="4">（三）稿酬</td><td>4</td><td></td></tr>
<tr><td colspan="4">（四）特许权使用费</td><td>5</td><td></td></tr>
</table>

续表

二、费用合计 [第6行=（第3行+第4行+第5行）×20%]	6	
三、免税收入合计（第7行=第8行+第9行）	7	
（一）稿酬所得免税部分 [第 8 行 = 第 4 行 ×（1-20%） ×30%]	8	
（二）其他免税收入（附报《个人所得税减免税事项报告表》）	9	
四、减除费用	10	
五、专项扣除合计（第11行=第12行+第13行+第14行+第15行）	11	
（一）基本养老保险费	12	
（二）基本医疗保险费	13	
（三）失业保险费	14	
（四）住房公积金	15	
六、专项附加扣除合计（附报《个人所得税专项附加扣除信息表》）（第16行=第17行+第18行+第19行+第20行+第21行+第22行）	16	
（一）子女教育	17	
（二）继续教育	18	
（三）大病医疗	19	
（四）住房贷款利息	20	
（五）住房租金	21	
（六）赡养老人	22	
七、其他扣除合计（第23行=第24行+第25行+第26行+第27行+第28行）	23	
（一）年金	24	
（二）商业健康保险（附报《商业健康保险税前扣除情况明细表》）	25	
（三）税延养老保险（附报《个人税收递延型商业养老保险税前扣除情况明细表》）	26	
（四）允许扣除的税费	27	
（五）其他	28	

续表

八、准予扣除的捐赠额（附报《个人所得税公益慈善事业捐赠扣除明细表》）		29	
九、应纳税所得额 （第30行=第1行-第6行-第7行-第10行-第11行-第16行-第23行-第29行）		30	
十、税率（%）		31	
十一、速算扣除数		32	
十二、应纳税额（第33行=第30行×第31行-第32行）		33	
全年一次性奖金个人所得税计算 （无住所居民个人预判为非居民个人取得的数月奖金，选择按全年一次性奖金计税的填写本部分）			
一、全年一次性奖金收入		34	
二、准予扣除的捐赠额（附报《个人所得税公益慈善事业捐赠扣除明细表》）		35	
三、税率（%）		36	
四、速算扣除数		37	
五、应纳税额[第38行=（第34行-第35行）×第36行-第37行]		38	
税额调整			
一、综合所得收入调整额（需在“备注”栏说明调整具体原因、计算方式等）		39	
二、应纳税额调整额		40	
应补/退个人所得税计算			
一、应纳税额合计（第41行=第33行+第38行+第40行）		41	
二、减免税额（附报《个人所得税减免税事项报告表》）		42	
三、已缴税额		43	
四、应补/退税额（第44行=第41行-第42行-第43行）		44	
无住所个人附报信息			
纳税年度内在中国境内居住天数		已在中国境内居住年数	

续表

<table>
<tr><td colspan="4">退税申请
（应补 / 退税额小于 0 的填写本部分）</td></tr>
<tr><td colspan="4">□ 申请退税（需填写“开户银行名称”“开户银行省份”“银行账号”）□ 放弃退税</td></tr>
<tr><td>开户银行名称</td><td></td><td>开户银行省份</td><td></td></tr>
<tr><td>银行账号</td><td colspan="3"></td></tr>
<tr><td colspan="4">备注</td></tr>
<tr><td colspan="4"></td></tr>
<tr><td colspan="4">谨声明：本表是根据国家税收法律法规及相关规定填报的，本人对填报内容（附带资料）的真实性、可靠性、完整性负责。

纳税人签字：　　年　月　日</td></tr>
<tr><td colspan="2">经办人签字：
经办人身份证件类型：
经办人身份证件号码：
代理机构签章：
代理机构统一社会信用代码：</td><td colspan="2">受理人：

受理税务机关（章）：

受理日期：　　年　　月　　日</td></tr>
</table>

9.3.2 每季度和每年算一次——所得税季报和年报

讲完上述税种，康会计喝口水休息了一下，王马虎记得还有一个很重要的税种，那就是企业所得税。

康会计知道自己若不讲完，王马虎肯定是不会罢休的，“下面我给你讲企业所得税的申报流程。”

王马虎瞬间欢喜雀跃，她这份好学的劲头值得我们大家学习。

1. 所得税季报

“每个季度末，都需要进行企业所得税预缴申报工作，即使企业一直处于亏损状态，一分钱都没有赚，也不能省略了该项申报工作。”康会计再次提醒王马虎。

“在机构所在地主管税务机关交企业所得税的企业，申报所需的工具和流程与增值税相同。比如，持报税 IC 卡手工申报的企业，在报税界面中会出现企业所得税季度申报表，每季度末如实填写该表（表 9-5、表 9-6）后写卡并与增值税一起上报税务机关即可。”康会计继续说。

表9-5 中华人民共和国企业所得税月（季）度预缴纳税申报表（A类）

中华人民共和国企业所得税月（季）度预缴纳税申报表（A 类）

税款所属期间： 年 月 日至 年 月 日

纳税人识别号（统一社会信用代码）：□□□□□□□□□□□□□□□□□□□□

纳税人名称： 金额单位：人民币元（列至角分）

预缴方式	□ 按照实际利润额预缴	□ 按照上一纳税年度应纳税所得额平均额预缴	□ 按照税务机关确定的其他方法预缴
企业类型	□ 一般企业	□ 跨地区经营汇总纳税企业总机构	□ 跨地区经营汇总纳税企业分支机构
预缴税款计算			
行次	项目		本年累计金额
1	营业收入		
2	营业成本		
3	利润总额		
4	加：特定业务计算的应纳税所得额		
5	减：不征税收入		
6	减：免税收入、减计收入、所得减免等优惠金额（填写A201010）		

续表

<table>
<tr><td>7</td><td colspan="3">减：固定资产加速折旧（扣除）调减额（填写A201020）</td><td></td></tr>
<tr><td>8</td><td colspan="3">减：弥补以前年度亏损</td><td></td></tr>
<tr><td>9</td><td colspan="3">实际利润额（3+4-5-6-7-8）＼按照上一纳税年度应纳税所得额平均额确定的应纳税所得额</td><td></td></tr>
<tr><td>10</td><td colspan="3">税率（25%）</td><td></td></tr>
<tr><td>11</td><td colspan="3">应纳所得税额（9×10）</td><td></td></tr>
<tr><td>12</td><td colspan="3">减：减免所得税额（填写A201030）</td><td></td></tr>
<tr><td>13</td><td colspan="3">减：实际已缴纳所得税额</td><td></td></tr>
<tr><td>14</td><td colspan="3">减：特定业务预缴（征）所得税额</td><td></td></tr>
<tr><td>15</td><td colspan="3">本期应补（退）所得税额（11-12-13-14）＼税务机关确定的本期应纳所得税额</td><td></td></tr>
<tr><td colspan="5">汇总纳税企业总分机构税款计算</td></tr>
<tr><td>16</td><td rowspan="4">总机构填报</td><td colspan="2">总机构本期分摊应补（退）所得税额（17+18+19）</td><td></td></tr>
<tr><td>17</td><td>其中：总机构分摊应补（退）所得税额（15× 总机构分摊比例____%）</td><td></td><td></td></tr>
<tr><td>18</td><td>财政集中分配应补（退）所得税额（15× 财政集中分配比例____%）</td><td></td><td></td></tr>
<tr><td>19</td><td>总机构具有主体生产经营职能的部门分摊所得税额（15× 全部分支机构分摊比例____%× 总机构具有主体生产经营职能部门分摊比例____%）</td><td></td><td></td></tr>
<tr><td>20</td><td rowspan="2">分支机构填报</td><td colspan="2">分支机构本期分摊比例</td><td></td></tr>
<tr><td>21</td><td>分支机构本期分摊应补（退）所得税额</td><td></td><td></td></tr>
<tr><td colspan="5">附报信息</td></tr>
<tr><td>小型微利企业</td><td>□是 □否</td><td colspan="2">科技型中小企业</td><td>□是
□否</td></tr>
</table>

续表

<table>
<tr><td>高新技术企业</td><td>□是 □否</td><td>技术入股递延纳税事项</td><td>□是
□否</td></tr>
<tr><td>期末从业人数</td><td colspan="3"></td></tr>
<tr><td colspan="4">谨声明：此纳税申报表是根据《中华人民共和国企业所得税法》《中华人民共和国企业所得税法实施条例》以及有关税收政策和国家统一会计制度的规定填报的，是真实的、可靠的、完整的。
法定代表人（签章）：　　年　月　日</td></tr>
<tr><td>纳税人公章：
会计主管：

填表日期：
年　月　日</td><td>代理申报中介机构公章：
经办人：
经办人执业证件号码：
代理申报日期：
年　月　日</td><td colspan="2">主管税务机关受理专用章：
受理人：

受理日期：年　月　日</td></tr>
</table>

表9-6　中华人民共和国企业所得税月（季）度预缴纳税申报表（B类）

中华人民共和国企业所得税月（季）度预缴和年度纳税申报表

（B 类，2018 年版）

税款所属期间：　　　年　月　日至　　　年　月　日
纳税人识别号（统一社会信用代码）：□□□□□□□□□□□□□□□□□□□□□□□□□□□□□□□□□□□□
纳税人名称：　　　　　　　　　　　　　　　金额单位：人民币元（列至角分）

<table>
<tr><td>核定征收方式</td><td colspan="2">□核定应税所得率（能核算收入总额的）　□核定应税所得率（能核算成本费用总额的）　□核定应纳所得税额</td></tr>
<tr><td>行次</td><td>项目</td><td>本年累计金额</td></tr>
<tr><td>1</td><td>收入总额</td><td></td></tr>
<tr><td>2</td><td>减：不征税收入</td><td></td></tr>
<tr><td>3</td><td>减：免税收入（4+5+8+9）</td><td></td></tr>
<tr><td>4</td><td>国债利息收入免征企业所得税</td><td></td></tr>
<tr><td>5</td><td>符合条件的居民企业之间的股息、红利等权益性投资收益免征企业所得税</td><td></td></tr>
</table>

续表

6	其中：通过沪港通投资且连续持有H股满12个月取得的股息红利所得免征企业所得税			
7	通过深港通投资且连续持有H股满12个月取得的股息红利所得免征企业所得税			
8	投资者从证券投资基金分配中取得的收入免征企业所得税			
9	取得的地方政府债券利息收入免征企业所得税			
10	应税收入额（1-2-3）\ 成本费用总额			
11	税务机关核定的应税所得率（%）			
12	应纳税所得额（第10行 × 第11行）\ [第10行 ÷(1- 第11行)× 第11行]			
13	税率（25%）			
14	应纳所得税额（12×13）			
15	减：符合条件的小型微利企业减免企业所得税			
16	减：实际已缴纳所得税额			
17	本期应补（退）所得税额（14-15-16）\ 税务机关核定本期应纳所得税额			
月（季）度申报填报	小型微利企业	□是 □否	期末从业人数	
年度申报填报从业人数	所属行业明细代码		国家限制或禁止行业	□是 □否
			资产总额（万元）	
谨声明：此纳税申报表是根据《中华人民共和国企业所得税法》《中华人民共和国企业所得税法实施条例》以及有关税收政策和国家统一会计制度的规定填报的，是真实的、可靠的、完整的。 法定代表人（签章）：　年　月　日				
纳税人公章：	代理申报中介机构公章：		主管税务机关受理专用章：	
会计主管：	经办人：		受理人：	
	经办人执业证件号码：			
填表日期：　年　月　日	代理申报日期：　年　月　日		受理日期：　年　月　日	

2. 企业所得税年终汇算清缴

企业所得税和其他税种不同，除了每个季度要申报预缴外，到了年终还要进行汇算清缴。这是因为，会计核算和税务规定之间存在很多差异，平时我们都是按照会计核算的结果预缴企业所得税，到了年终还要对全年的收入、成本和费用按照税务规定进行调整后重新核算应纳税所得额。

企业所得税的年终汇算清缴工作，每年都是一件大事，税务机关和企业都非常重视。

“那汇算清缴的方法是什么？”这次王马虎主动提出了这个问题。

“我仔细给你讲一下汇算清缴步骤。”康会计讲道。

（1）汇算清缴。

目前北京市在机构所在地主管税务机关交企业所得税的企业进行汇算清缴时，需要先在税务机关网站上下载一个汇算清缴的软件，安装到计算机上后，根据说明书进行相应的设置，按规定填写每张表格后，联网上传数据到税务机关，最后将打印的纸质报表送到指定税务机关即可。

（2）企业所得税年度申报表（表 9-7）。

进行填报时，要先按顺序依次填写后边的 11 张企业所得税年度纳税申报表，主表中的大多数数据直接取自后边的附表。

表9-7　企业所得税年度纳税申报表

中华人民共和国企业所得税年度纳税申报表（A 类）

税款所属期间：　　　年　月　日至　　　年　月　日
纳税人名称：
纳税人识别号：□□□□□□□□□□□□□□□□□□　金额单位：元（列至角分）

行次	类别	项目	金额
1	利润总额计算	一、营业收入（填写A101010\101020\103000）	
2		减：营业成本（填写 A102010\102020\103000）	
3		减：税金及附加	
4		减：销售费用（填写 A104000）	
5		减：管理费用（填写 A104000）	
6		减：财务费用（填写 A104000）	
7		减：资产减值损失	

续表

行次	类别	项目	金额
8	利润总额计算	加：公允价值变动收益	
9		加：投资收益	
10		二、营业利润（1-2-3-4-5-6-7+8+9）	
11		加：营业外收入（填写 A101010\101020\103000）	
12		减：营业外支出（填写 A102010\102020\103000）	
13		三、利润总额（10+11-12）	
14	应纳税所得额计算	减：境外所得（填写 A108010）	
15		加：纳税调整增加额（填写 A105000）	
16		减：纳税调整减少额（填写 A105000）	
17		减：免税、减计收入及加计扣除（填写 A107010）	
18		加：境外应税所得抵减境内亏损（填写 A108000）	
19		四、纳税调整后所得（13-14+15-16-17+18）	
20		减：所得减免（填写 A107020）	
21		减：弥补以前年度亏损（填写 A106000）	
22		减：抵扣应纳税所得额（填写 A107030）	
23		五、应纳税所得额（19-20-21-22）	
24	应纳税额计算	税率（25%）	
25		六、应纳所得税额（23×24）	
26		减：减免所得税额（填写 A107040）	
27		减：抵免所得税额（填写 A107050）	
28		七、应纳税额（25-26-27）	
29		加：境外所得应纳所得税额（填写 A108000）	
30		减：境外所得抵免所得税额（填写 A108000）	
31		八、实际应纳所得税额（28+29-30）	

续表

行次	类别	项目	金额
32	应纳税额计算	减：本年累计实际已缴纳的所得税额	
33		九、本年应补（退）所得税额（31-32）	
34		其中：总机构分摊本年应补（退）所得税额（填写 A109000）	
35		财政集中分配本年应补（退）所得税额（填写 A109000）	
36		总机构主体生产经营部门分摊本年应补（退）所得税额（填写 A109000）	

（3）年度汇缴申报表。

一般第四季度的预缴工作在次年的 1 月 15 日前结束。然后，企业财务人员需要对全年的收入、成本和费用按照税务规定进行调整，并计算出符合税法要求的应纳税所得额。这个应纳税所得额一般都会大于利润表上的利润总额。

综合全年已缴纳的金额，计算出年终应补缴或应申请退回的税额。然后按照税务部门的要求进行各项财产损失及减、免税事项的审批和备案工作。如果符合税务部门规定的提交审计报告的范围，还要请税务师事务所进行汇算清缴审计工作。一般情况下，亏损额过大的企业、行业特殊的企业、收入额超过一定限额的企业等会被要求提交税审报告。

接下来向税务部门提供汇算清缴资料。不同的地区方法可能不太一样，有的在网上报，有的在现场报。按税务部门出具的税收缴款书补缴税金或等待退税。

整个汇缴过程包括补退税，需要在 5 月底之前结束。

9.3.3　统计月报和年报

各种税的申报流程已经讲完了，你是不是认为大功告成了，别高兴得太早，康会计还有话说，“月初除了报税，还有一项工作也很重要，就是上报统计报表。统计报表不是税务机关要求的，而是统计局要求的。近年来，国家对统计数据的上报工作要求越来越严格，新的《统计法》也要求企业必须如实上报统计数据，经常还会有统计稽查部门来检查，被罚的企业也不在少数。而一般这种和财务数据相关的工作通常都会落到财务人员身上，所以作为会计，一定要知道公司必须还要上报统计报表。”

1. 统计年报

“目前，几乎所有的企业都需要在每年的年初上报上一年度的统计报表。统计报表的种类很多，有厚厚一大摞，至少北京的企业目前是这样。”康会计说。

“那么多资料，我们怎么填写啊？会有人教我们吗？”王马虎最担心这个了。

“一般到年底，统计部门都会在网上发布信息，也可能用电话的方式通知企业在规定的时间、地点参加统计工作布置会。在会上，相关人员会介绍每个表格的填写方法，以及你的企业需要填写哪些报表。到时候，你只需要按通知参会就行了。”康会计说。

2. 统计月报

“统计月报只有具有一定规模企业才会被要求每月上报，企业究竟需不需要上报，统计局会通知企业，而且填写表格的内容上网一查就知道了，我们企业目前正处于刚成立阶段，还不需要每月上报。”康会计说。

“哈哈，工作又减少了一部分。”王马虎窃喜。

“不过，目前，北京的统计报表，不论是年报还是月报，都是通过统计局提供的网站直接在线填写并上传的。”康会计提醒道。

3. 到统计网站上在线上报

“首先登录北京统计直报网。”说着，康会计打开浏览器，输入网址，进入“北京统计直报网”首页（图 9-3）。

“进入后，点击左侧的‘北京统计联网直报系统’，进入登录界面（图 9-4）。”康会计说。

“然后输入用户名和密码，这些是在统计开会时告知我们的，进入后系统显示了哪些表格，我们就需要填写哪些表格，按照要求填写并提交就可以了。”康会计说。

至此，月初报税工作就结束了，小伙伴们，你们学会了吗？

图9–3　北京统计信息直报网首页

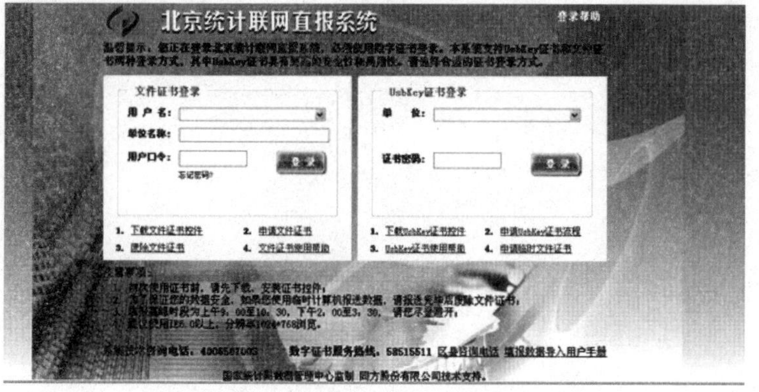

图9–4　北京统计联网质保系统登录界面

第3篇

财务软件篇

第10章 使用现代化工具做账，真爽

半年后的一天清晨，大宝甩着手高兴地走进财务部的大门，“肖哥，您有什么指示？”大宝乐呵呵地问。“我也带了你半年了，感觉你对于咱们小企业的会计处理已经初步掌握和理解了，你来说说对会计这份工作的领会吧。”肖哥说。“嗯，我觉得会计入门还是比较简单的，因为我在大学学了这么多年又考了从业资格证，入职之后又遇到您这么好的老师带着我深入了解实践，真的非常幸运。当然在未来的工作中还会有更复杂的情况等着我处理，我相信通过不断地学习和实践，积累经验之后都能够很好地处理。”大宝答道。

“说得不错，确实是这样，而且马上就有挑战给你了。接下来的几个月我们要弃用手工账，开始启用先进的财务电算化软件了，我就是主管这一部分工作的，你还是要继续配合我，所以我今天先带你入门。”肖哥说。

10.1 引入信息化更方便——财务软件

“肖哥，我们用哪个财务软件？我本科在事务所实习时审计的客户用的是‘用友’，找工作面试的时候很多家单位也都问我是否了解‘用友’的使用方式，是不是主流软件就只有‘用友’啊？”大宝问。

肖哥看着大宝：“咱们公司就不用‘用友’啊。市场上有很多种财务软件，不仅我国的公司研发了很多种，国外也有很多很实用很优秀的软件，‘用友’的确是出现得比较早且使用范围也相对广的一款，所以为大多数人所熟知，而我们公司使用的是金蝶软件，也是我国知名的专业账务软件。”

下面列出的是市场上常见的国内外财务软件，以供参考。

国内：用友，金蝶，新中大，航天 A6，浪潮、速达 360、管家婆、金算盘、财务通、神州数码等。

国外：ORACLE，SAP，ACCPAC，MONEY，QUICKEN，IBM 等。

10.2　传统方式不能忘——成功对接手工账

“了解了，肖哥，那我们是不是再也不用手工记账了？之前我记账的时候就在想，手工账实在是太麻烦了，要保留着那么多的资料，记账的时候也很麻烦，有错误也不好更正，终于可以解放了是吗？”大宝问。

“这还真不是，你想得太理想化了。在实际工作中，手工账和软件账的切换过程至少需要三个月的并行期，包括以后我们如果要变更新的财务软件时，都需要两种记账模式同时运行一段时间，在确保新旧两种方式没有差异，电脑运行稳定之后才可以完全转换，以免出现大问题。

财务软件也是人来研发的，电脑是个机器，它并不能解决所有的实际问题，而且它不一定什么时候就会出问题，其稳定性需要很长的时间来不断考验。所以有丰富经验的会计其实都会建议并不完全甩掉手工账，而是在使用财务软件的同时继续保留现金日记账和银行存款日记账，因为这两者实在是太重要了。

还有一定要记住的是，虽然我们使用了电脑记账，但是还是要留存纸质的记账凭证和账簿，并不是全部保存在电脑中，所以每个月月底记账时一定要按时将当月的记账凭证都打印出来，年底的时候还要打印各种账簿。”肖哥详细解释道。

“对于电脑记账的部分我们是不是也要做电子备份，也不能都打印出来，如果电脑系统瘫痪了可怎么办呢？”大宝提出了一个问题，“因为我自己的电脑就出现过这样的问题，以前的资料都没有了，心疼死了。”

“是的，所以我们不仅要将包括记账凭证、财务报表和账簿在内的文件打印出来，而且还要随时对电子账进行备份，备份的文件不能存放在公司的电脑上，而是要存放在移动硬盘之类的位置。这样一旦系统出现问题，首先可以从备份的数据中进行恢复，实在不行还可以根据之前打印的各种文件重新建账。

所以你不要以为用了财务软件记账就一劳永逸了，依然需要我们投入很大的努力才行。”肖哥继续说。

“嗯，还是我们人脑最给力啦！”大宝说。

10.3 金蝶软件来助阵——金蝶 KIS 专业版

肖哥告诉大宝，这次购买的财务软件是金蝶 KIS 专业版，作为一个小公司，对于财务软件并没有太高的要求，所以他们这次只购买了总账和报表两个模块。

“因为不论我们使用什么财务软件，记账和出报表的流程总是一定的，会计分录的编制方法也是一定的，所以虽然不同的财务软件的操作界面和方法会有一定程度的差异，但是主要的操作流程和功能没有太大区别。你现在学会使用金蝶，以后如果需要操作其他的财务软件完全不用担心。今天我先教你基本的账务处理，你自己也可以参考使用说明探索一下。”肖哥继续说。

10.3.1 大致了解一下——软件操作主界面

软件界面分为几个区域，要熟悉功能的布局方式，在使用前要进行了解，以便于寻找。

金蝶 KIS 专业版软件的主界面分为两类，一是初始化界面（图 10-1）；二是日常操作界面（图 10-2）。

图10-1 初始化界面布局

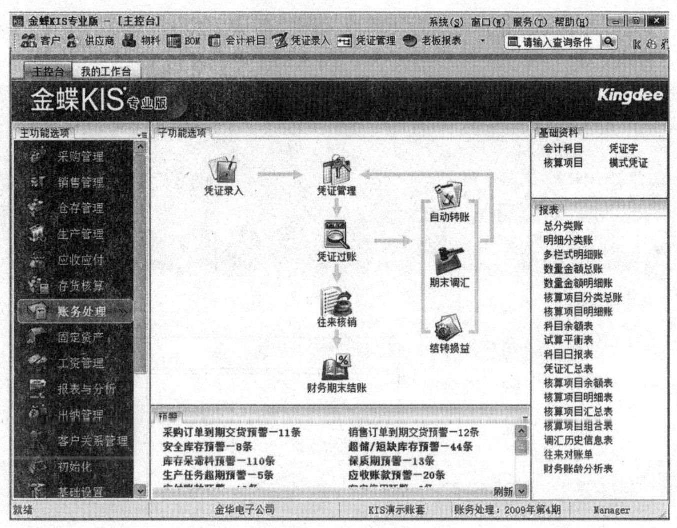

图10-2　日常操作界面布局

（1）功能菜单。

它包括了软件所提供的全部功能，其主功能选项区、流程功能区、报表列示区所提供的功能，是一种直观方便的操作形式，与功能菜单里的相对应功能的功效是相同的。

（2）主功能选项。

它是按照业务进行分类的，选定哪一类将自动改变流程功能区和报表列示区的功能。

10.3.2　千里之行，始于足下——新建账套

（1）启动 KIS 专业版。

选择“开始”“程序”“金蝶 KIS”“金蝶 KIS 专业版”，或双击桌面图标“金蝶 KIS 专业版”启动金蝶 KIS。

建立账套中设定的参数是决定整个账务处理体系的关键参数，一定要仔细弄清各参数的具体含义，并设定无误。这些参数一旦设定，除“账套名称”外，其他的参数都不能再修改。

（2）建立账套文件。

修改账套名称，一般按照个人名字和编号设定（图 10-3），单击“新建

账套”按钮，进入建账向导。以上输入的账套名称，实际为账套文件名。

图10-3　建立账套和登录

（3）输入账套名称（图 10-4），新建账套。

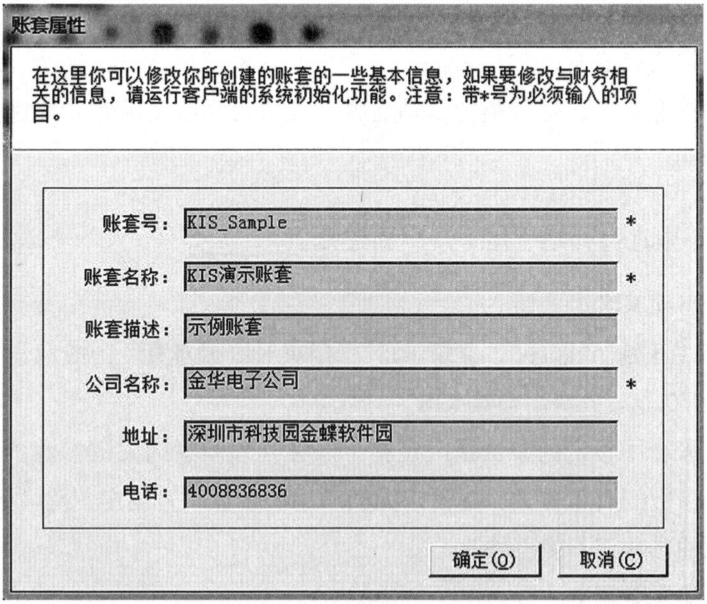

图10-4　输入账套名称和公司名称

（4）建立账套完毕后，系统自动进入初始化软件功能界面（图 10-5），所有初始化工作都在这里完成，其初始化处理的基本流程（图 10-6）。

图10-5　初始化功能

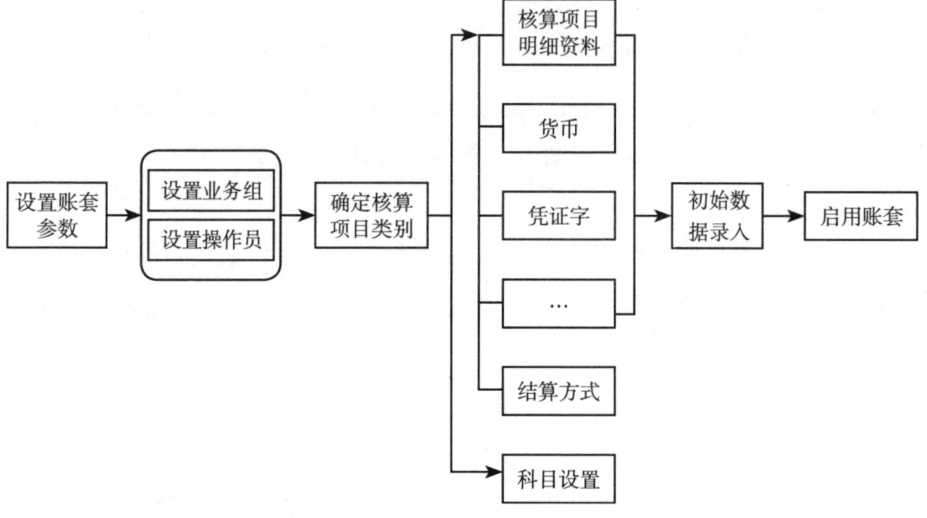

图10-6　初始化基本流程

10.3.3 各司其职——用户权限管理

1. 设置业务组

选择“工具”菜单下的“用户管理”命令，将用户组名改为“系统管理员组（图 10-7）”。

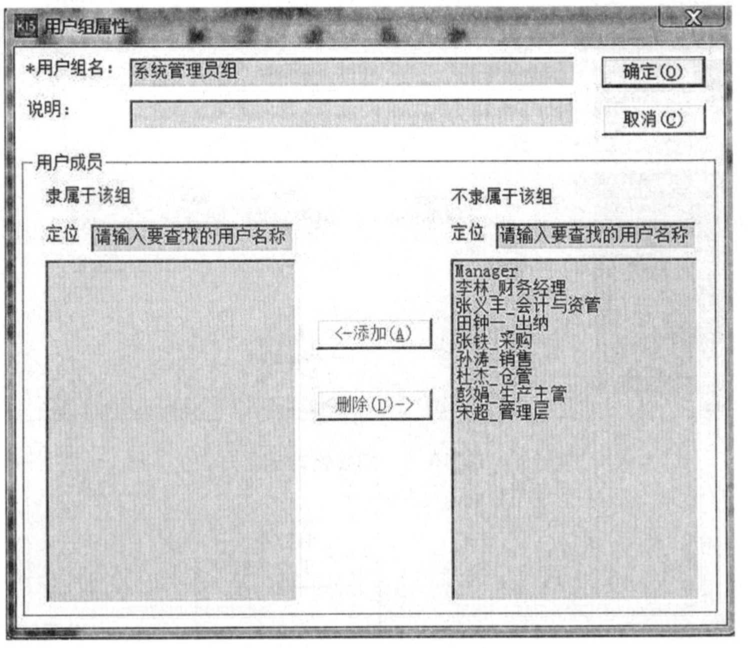

图10-7 设置业务组

2. 设置操作人员

选择“用户设置”栏下的“新增”，添加操作员，按照实验资料增加相关人员（图 10-8）。后设置操作人员所属用户组（图 10-9）。设置后，操作人员设置结果（图 10-10）。

实验时，将“录入员”设为实验者的名字。

3. 授权

添加好人员名称后，选中每个人员进行授权。按照实验资料授予相关权限（图 10-11），设置好后，选择“授权”功能，然后单击“关闭”按钮退回主界面。

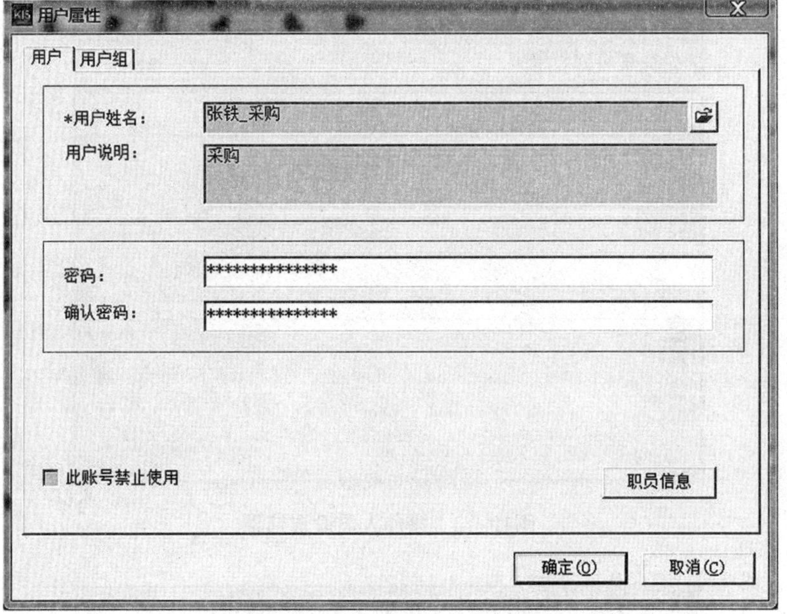

图10-8 设置操作人员

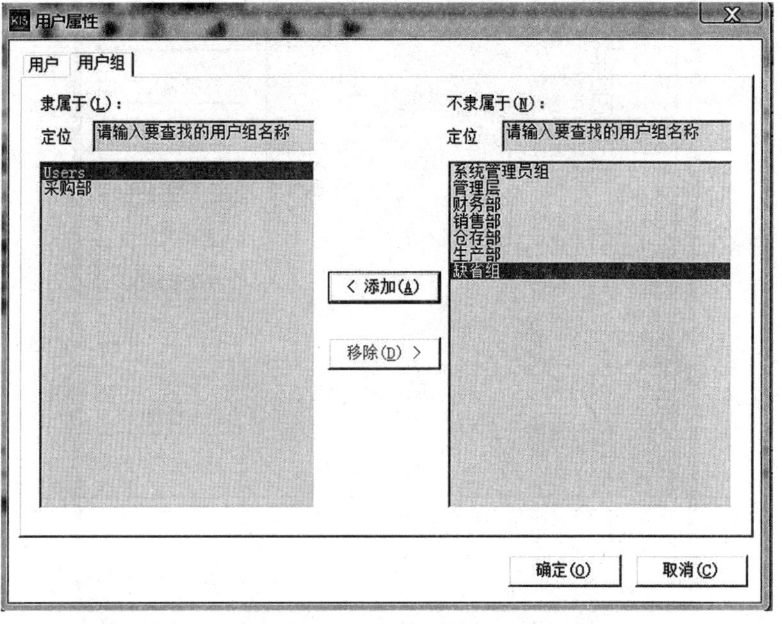

图10-9 设置操作人员所属用户组

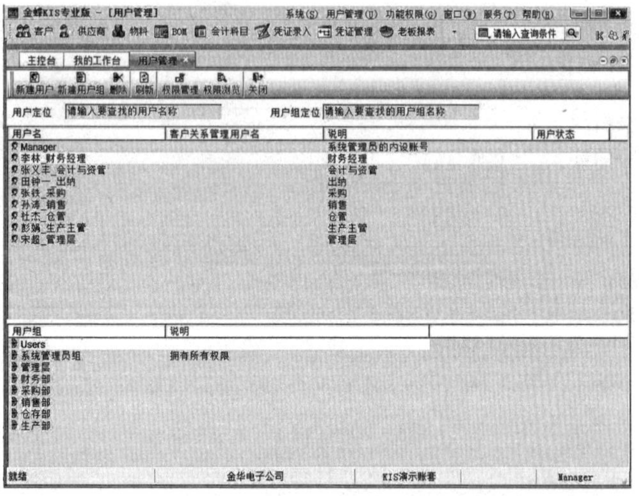

图10-10 操作人员设置结果

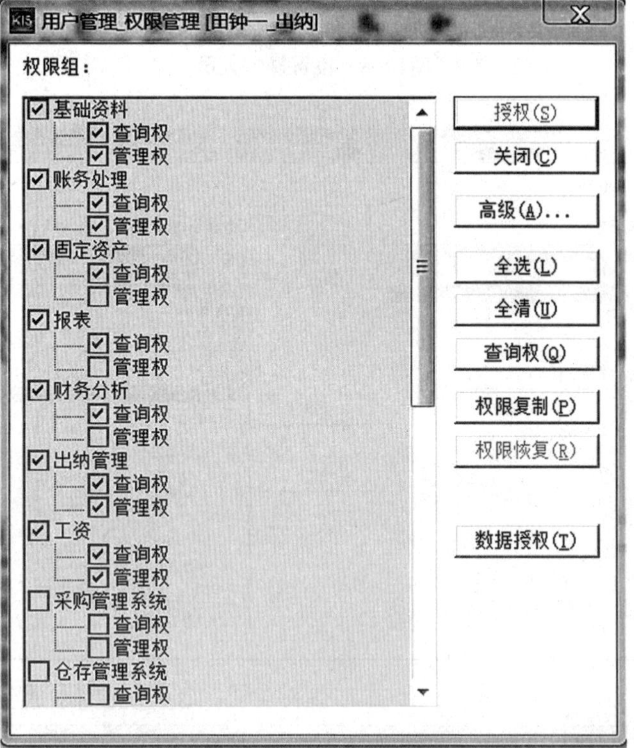

图10-11 用户授权

操作提示：对拥有多数权限的用户，可先授予所有权限然后再取消没有的权限，可提高授权效率。

操作权限授权要注意其权限适用范围，软件中有“所有用户”“本组用户”“当前用户”三种。当前用户，只能查看、处理本人所经办的业务。本组用户，只能查看、处理本组人员所经办的业务。所有用户，可以查看和处理所有用户经办的业务。

10.3.4　企业的基本情况——系统参数设置

系统参数包括了账务处理的重要信息及重大会计政策，如记账凭证字号的设定、账簿余额输出方向、固定资产折旧要素变动后的会计政策等，因而须慎重定义此选项。其中的一些选项一经选定，则不宜经常变动，否则会影响会计处理的一致性。

1. 进入系统参数

选择主界面中的“基础设置”中的“系统参数（图10-12）”。

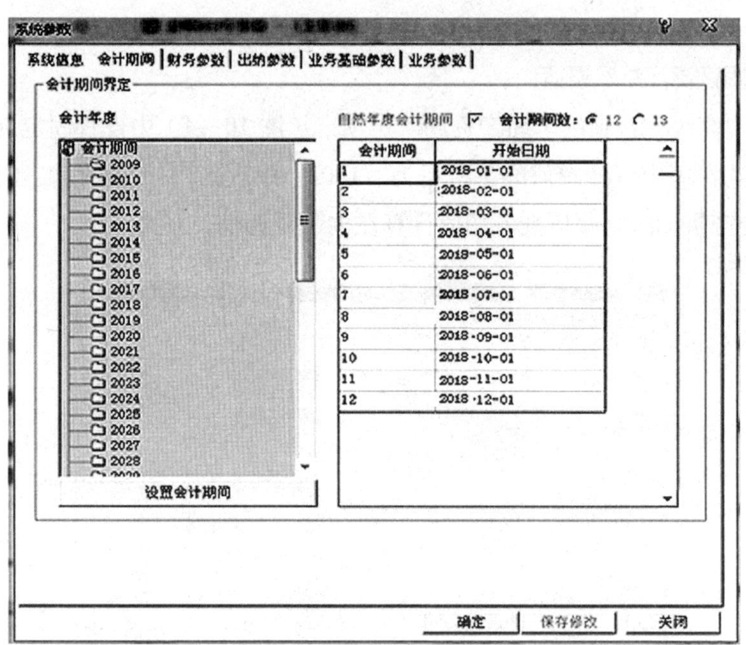

图10-12　账套选项

2. 财务参数设置

在系统默认选择项的基础上，增加选择“凭证录入时自动填补断号”“凭证保存后立即新增”复选框（图 10-13），以方便操作。

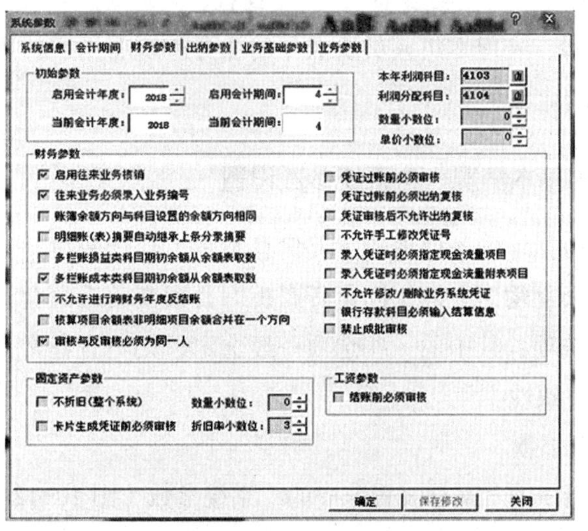

图10-13　账套选项

3. 固定资产参数设置

在“高级”选项的“固定资产”选项卡（图 10-14）中设置固定资产相关设置。选择固定资产减值准备科目为“1603　固定资产减值准备”，同时选择“固定资产折旧时将减值准备的值计算在内”复选框。

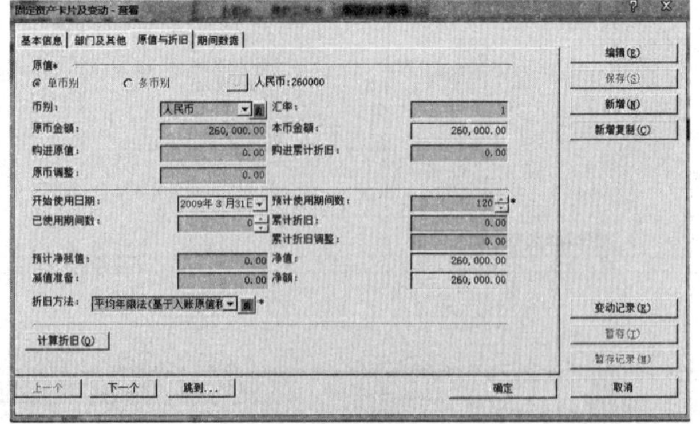

图10-14　高级配置选项（固定资产）

以上是大宝操作时的简单流程，具体操作时还需要根据实际情况处理，可以参考金蝶软件的使用手册或者系统内自带的帮助界面。

10.4　实际操作——总账账务处理

10.4.1　会计科目基础设置

1. 进入会计科目设置

进行科目设置时，要按照案例资料，逐一检查，防止错漏。如果设置不正确，就会影响后面的数据，甚至出现数据错误。

选择“基础设置”“会计科目”命令，打开会计科目设置功能（图 10-15）。

图10-15　会计科目设置

2. 增加科目

（1）银行类科目设置（图 10-16）。

操作提示：为了实验方便，预设科目中多余的科目可以不必删除，以免后面报表公式进行大量修改。其中一些科目需要设置辅助核算项目，修改会计科目时应该注意实验资料中的备注事项。

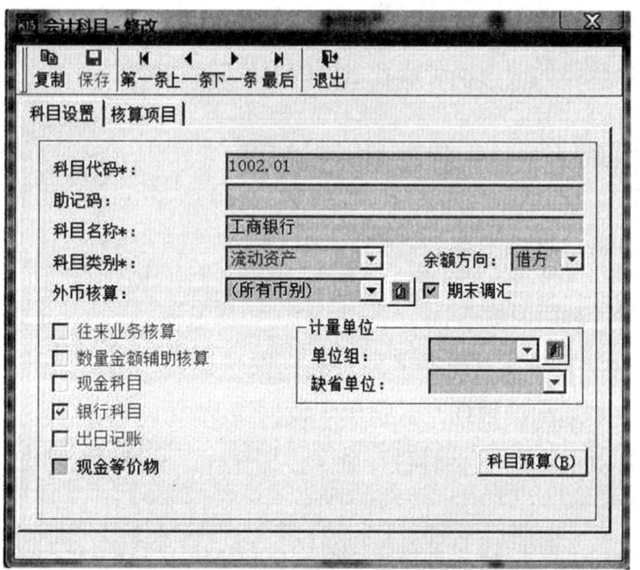

图10-16　工商银行科目设置

（2）往来类科目设置。

①设置应收账款的相关参数（图 10-17）。

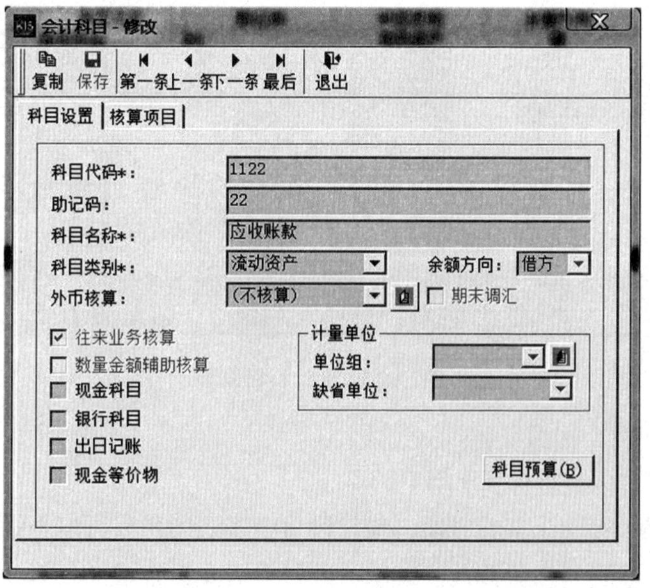

图10-17　应收账款设置

②材料采购、库存商品类科目的设置（图 10-18）。

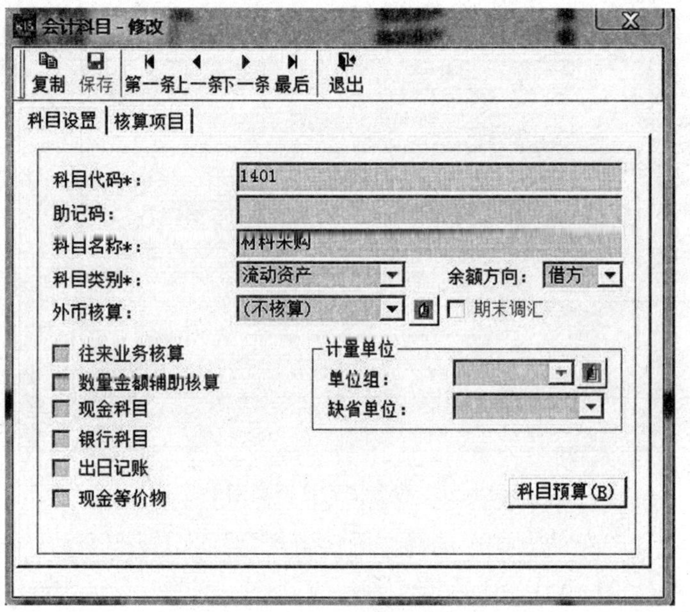

图10-18　物资类科目设置

（3）固定资产科目设置

①增加固定资产类别。选择“固定资产”“固定资产增加”命令（图 10-19、图 10-20）。

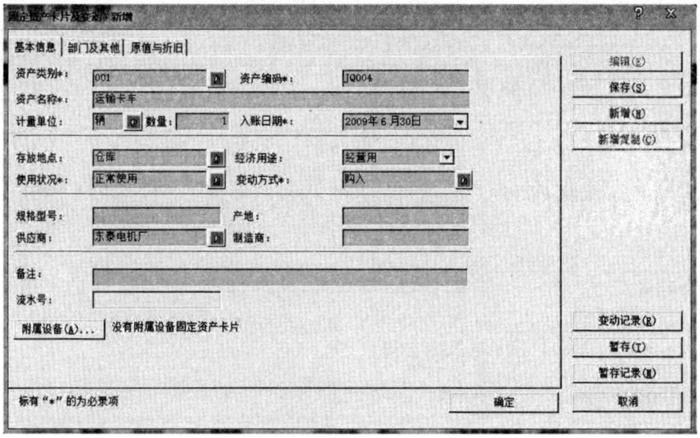

图10-19　设置固定资产类别（一）

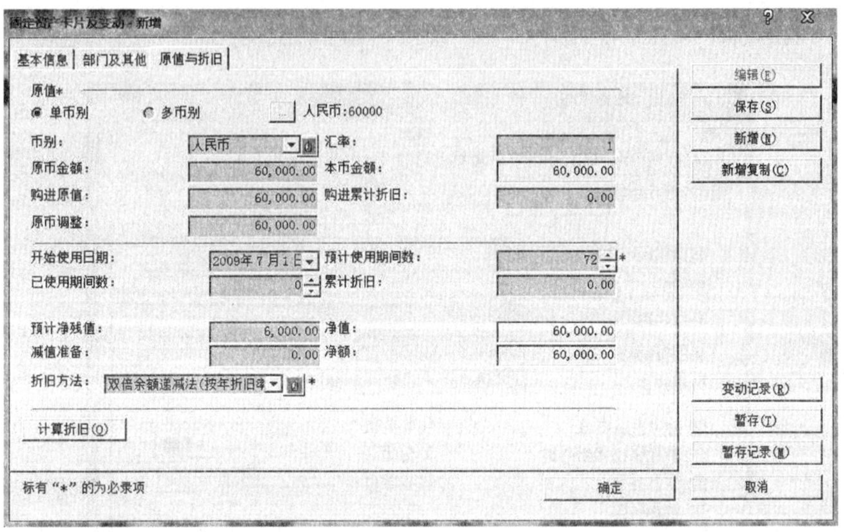

图10-20　设置固定资产类别（二）

②固定资产变动方式。选择“固定资产”“固定资产变动”命令，单击“变动”按钮（图10-21）。

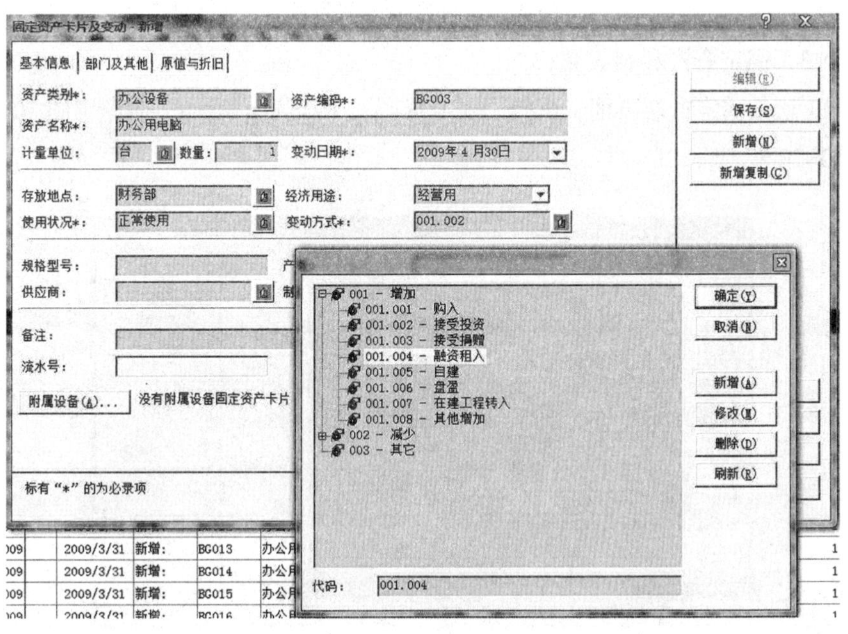

图10-21　设置固定资产变动方式

③固定资产折旧的计提与修改（图 10-22）。

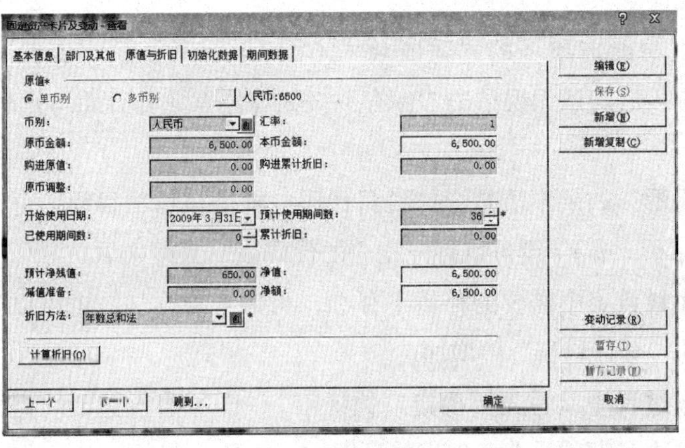

图10-22　固定资产折旧的计提与修改

10.4.2　账务处理

1. 账务处理的具体流程

凭证是账务处理的入口，是关键环节，其他处理都是自动化控制的（图 10-23）。

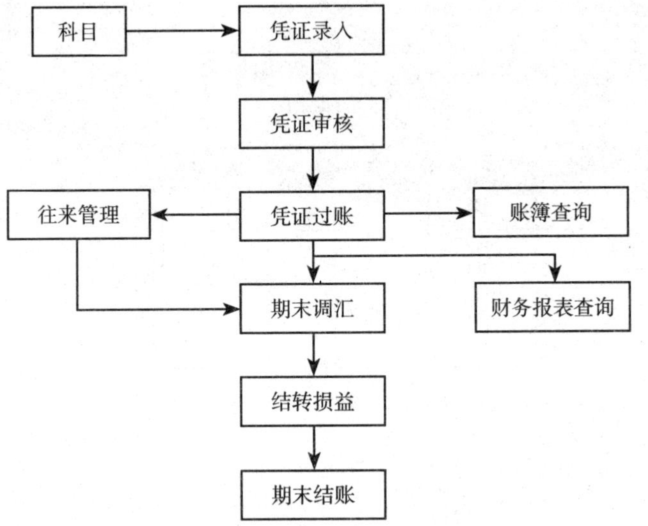

图10-23　账务的日常处理流程

2. 凭证操作

（1）凭证录入。

选择主功能选项下的“凭证录入（图 10-24）”，根据实验资料录入凭证，数据输入后确认无误单击“保存”按钮（注意业务日期与凭证日期一致）完成。

操作提示：如果不清楚会计科目代码、辅助核算项目等，可以将光标移到会计科目下，按 F7 键可以打开相应的代码表，直接选取。

如果在科目表中需要的科目不存在，可以直接增加。也可以在“系统维护”模块的“会计科目”中增加。

在操作过程中，首先要确定“凭证字”，即所输入凭证的类型。其次是“日期”，这个日期就是业务发生的日期。

“顺序号”仅是系统自动编的一个临时号，保持其编号即可，一旦凭证保存后，就是一张正式凭证，该编号就失去了意义。

“凭证号”是系统自动根据录入先后设定的，但如果中间出现过因删除凭证等形成的空号，也可以直接输入某个凭证号去填号（具体与账套选项设置有关）。

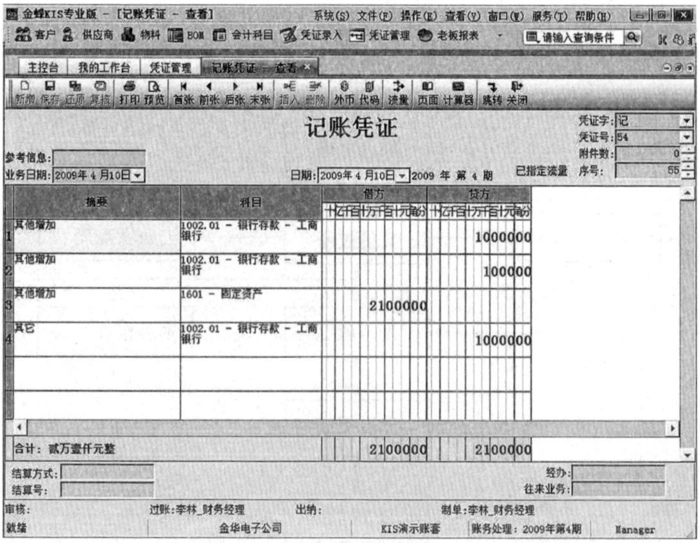

图10-24　凭证输入

应收账款凭证录入（图 10-25）。

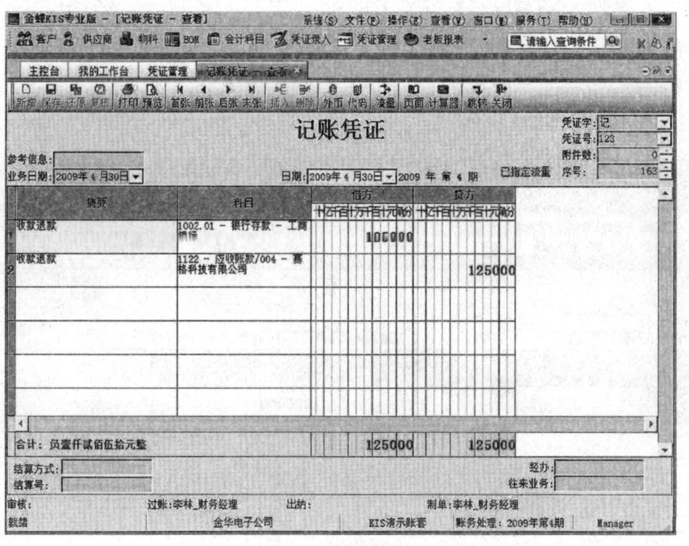

图10-25 应收账款凭证输入

操作提示：业务号是用于往来账勾兑的，可以自编，结算方式等根据业务情况可以自由输入。

（2）凭证审核。

选择“文件”“更换操作员”（自己输入的凭证，自己不能进行复核）先更换操作员，然后选择“账务处理”“凭证审核”，进入凭证审核画面，单击“审核”或“批审”（成批审核）按钮，完成凭证审核工作（图 10-26）。

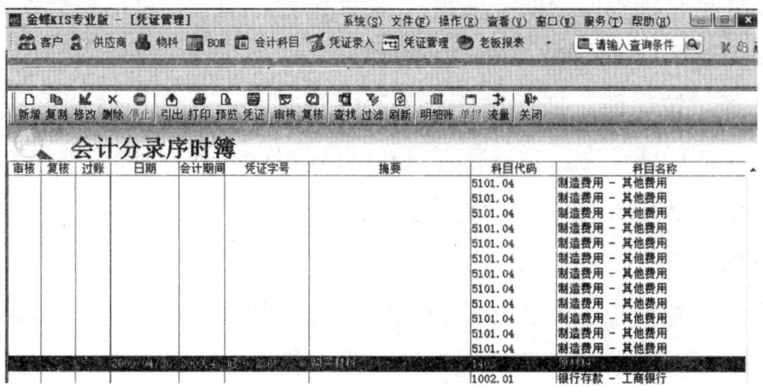

图10-26 凭证审核

①单张审核。双击图 10-26 中的“审核”按钮，调出凭证检查无误后，单击凭证上的“审核”按钮，在凭证下面的“审核”上就会显示审核人的名字。

然后可以通过凭证上面的“上一”和“下一”按钮进行移动，继续对其他凭证进行审核（图 10-27）。

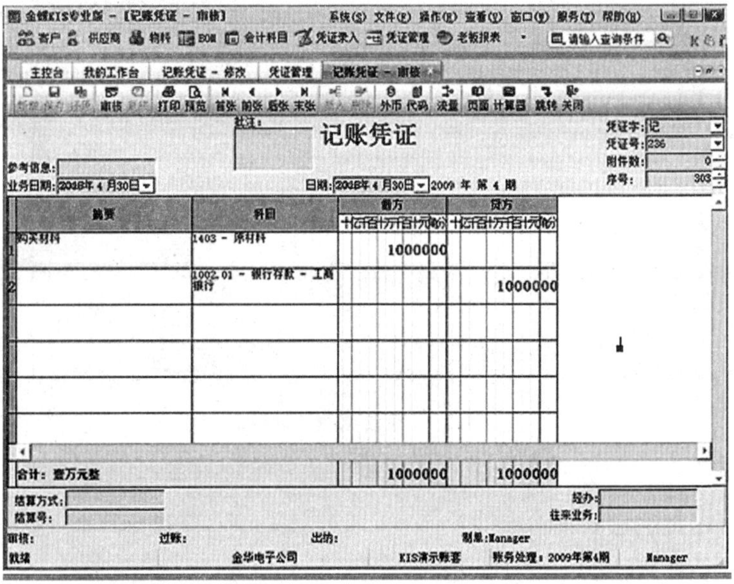

图10-27　单张审核

②批量审核。单击右键，选择“成批审核”按钮（图 10-28）。

（3）凭证整理。

利用凭证查询界面中的“编辑”“凭证整理”功能，可以将凭证号码重新排列（图 10-29），解决凭证断号的问题。

若选择“按凭证日期重排凭证号”复选框，可按凭证日期重排凭证号，否则按原来的凭证顺序。凭证整理只对可修改状态凭证进行整理，对已审核、已过账凭证、已结账期间的凭证不起作用。

（4）凭证过账。

凭证过账相当于手工会计的登账，在系统中凭证过账既登记总账，也登记明细账。对过账后的凭证不能直接修改，若发现凭证有错，应采用红字冲销的方法进行修改。但 KIS 系统提供了反过账功能，即取消过账。反过账必须由系统管理员操作，在系统主界面中按 Ctrl+F11 键即可。单击“账务处理”“凭证过账”开始凭证过账（图 10-30）。

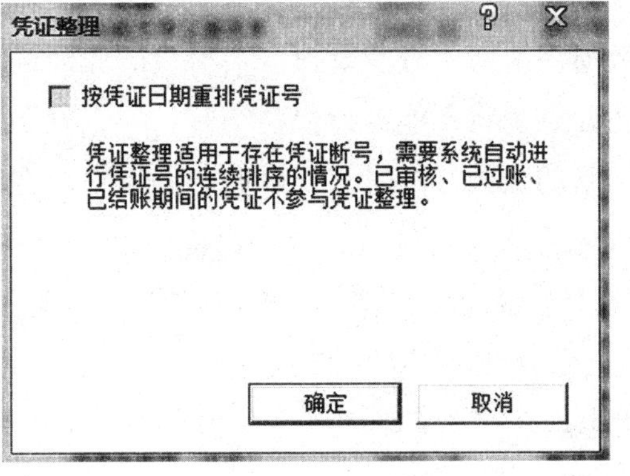

图10-28　成批审核

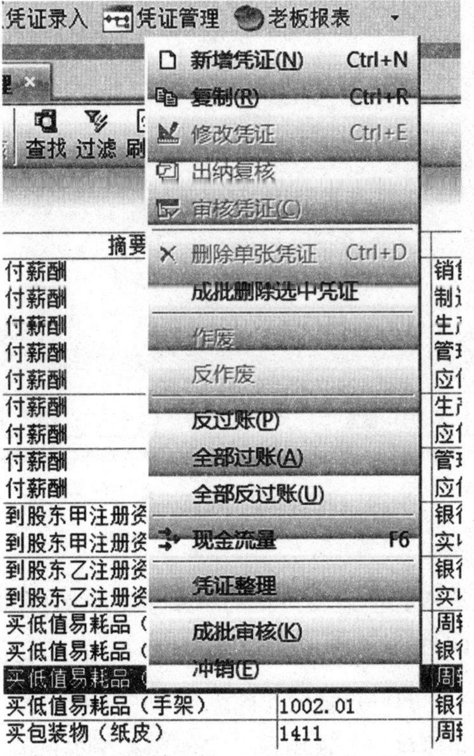

图10-29　凭证整理

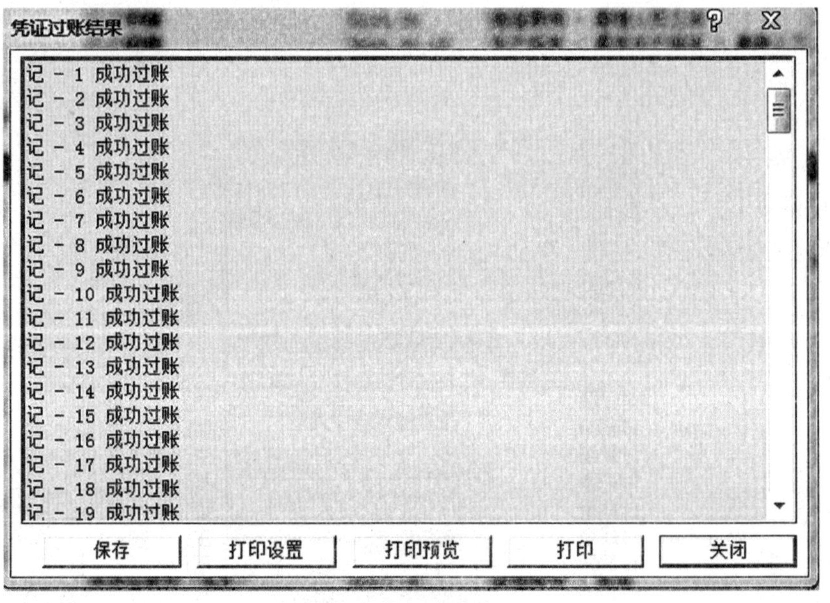

图10–30　凭证过账

（5）损益结转。

结转损益功能将所有损益类科目的本期余额全部自动转入本年利润科目和本年利润科目的明细科目中，自动生成结转损益记账凭证。只有在科目类别中设定为“损益类”的科目余额才能进行自动结转。

如果要结转本期损益，要求用户一定使用系统提供的“结转损益”功能，不要手工录入结转损益凭证，否则在输出有关损益类的会计报表时，所有数据都会为 0。

结转损益前必须将本期所有涉及损益类科目的凭证进行过账处理，否则对未过账的损益凭证系统将不能进行损益结转，那么就会造成期末结账前损益类科目还有未结平的余额。同时有外币业务的用户，在系统自动生成期末调汇凭证后，必须先将该凭证进行过账，再进行“结转损益”，否则该凭证的汇兑损益金额将不会参与损益结转。选择“账务处理”“结转损益”功能（图 10–31），生成转账凭证（图 10–32）。

（6）试算平衡表。

试算平衡表综合反映了总括数据（图 10–33）。

结转损益

除<以前年度损益调整>科目对应利润分配科目外，其他损益类科目对应<本年利润>科目

	代码	名称	结转科目	
1	6001	主营业务收入	4103	本年:
2	6051	其他业务收入	4103	本年:
3	6101	公允价值变动损益	4103	本年:
4	6111	投资收益	4103	本年:
5	6301	营业外收入	4103	本年:
6	6401	主营业务成本	4103	本年:
7	6402	其他业务成本	4103	本年:
8	0400	营业税金及附加	1100	本年:
9	6601	销售费用	4103	本年:
10	6602.01	差旅费	4103	本年:
11	6602.02	办公费	4103	本年:
12	6602.03	电话费	4103	本年:
13	6602.04	招待费	4103	本年:
14	6602.05	折旧	4103	本年:

上一步(P)　下一步　取消(C)

图10-31　结转凭证科目

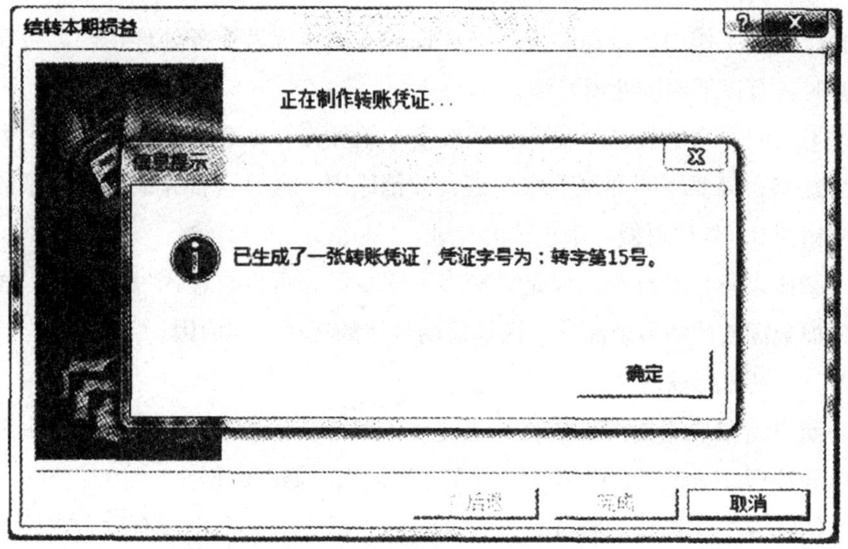

图10-32　生成结转凭证

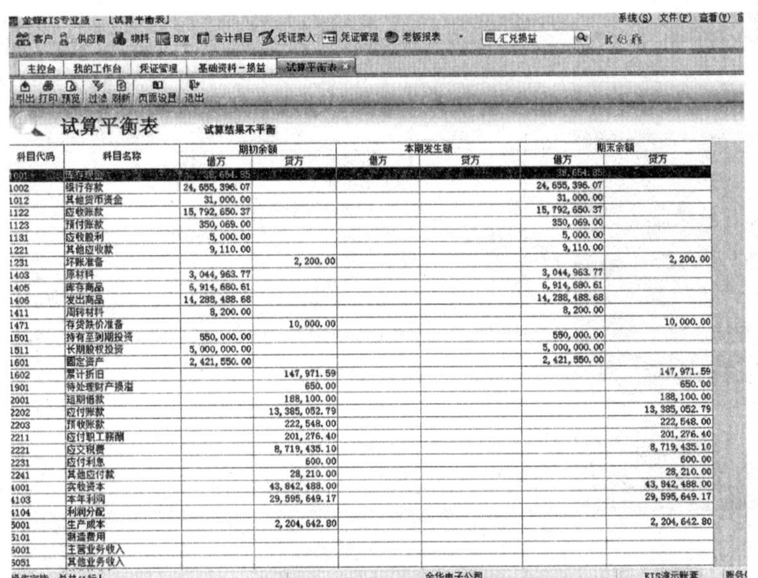

试算平衡表 试算结果不平衡

科目代码	科目名称	期初余额		本期发生额		期末余额	
		借方	贷方	借方	贷方	借方	贷方
1001	库存现金	38,654.85				38,654.85	
1002	银行存款	24,655,396.07				24,655,396.07	
1012	其他货币资金	31,000.00				31,000.00	
1122	应收账款	15,792,650.37				15,792,650.37	
1123	预付账款	350,069.00				350,069.00	
1131	应收股利	5,000.00				5,000.00	
1221	其他应收款	9,110.00				9,110.00	
1231	坏账准备		2,200.00				2,200.00
1403	原材料	3,044,963.77				3,044,963.77	
1405	库存商品	6,914,680.61				6,914,680.61	
1406	发出商品	14,288,488.68				14,288,488.68	
1411	周转材料	8,200.00				8,200.00	
1471	存货跌价准备		10,000.00				10,000.00
1501	持有至到期投资	550,000.00				550,000.00	
1511	长期股权投资	5,000,000.00				5,000,000.00	
1601	固定资产	2,421,550.00				2,421,550.00	
1602	累计折旧		147,971.59				147,971.59
1901	待处理财产损溢		650.00				650.00
2001	短期借款		188,100.00				188,100.00
2202	应付账款		13,385,052.79				13,385,052.79
2203	预收账款		222,548.00				222,548.00
2211	应付职工薪酬		201,276.40				201,276.40
2221	应交税费		8,719,435.10				8,719,435.10
2231	应付利息		600.00				600.00
2241	其他应付款		28,210.00				28,210.00
4001	实收资本		43,842,488.00				43,842,488.00
4103	本年利润		29,595,649.17				29,595,649.17
4104	利润分配						
5001	生产成本		2,204,642.80				2,204,642.80
5101	制造费用						
6001	主营业务收入						
6051	其他业务收入						

操作完毕，总共41行！ 金华电子公司 KIS演示账套

图10-33 试算平衡表

（7）对出错凭证的处理方法。

在实际工作中，难免会发生将凭证输入错误或者业务处理错误。当发现出错时，有以下两种处理方法：

①对照原来的凭证，输入一张红字冲销凭证，即金额与原来相同，但数据为红字，摘要写明冲销哪张凭证、冲销原因。通过这张凭证就将原来的凭证冲销为 0，然后再做一张正确的凭证。

②如果科目没有错，仅是金额多了或少了，可以再输入一张凭证，相应地增加金额或冲销多余部分，摘要写明具体的凭证号和原因。

（8）期末结账。

期末结账功能是指对系统本期的业务进行结账处理，才能进入下一期间的业务处理。结账以后将不允许再在本期录入、修改数据。

结账方法：选择“账务处理”“期末结账”，因为前面没有设置密码，所以这里不用输入，单击“完成”按钮，备份账套，开始结账。